EXPOSITION UNIVERSELLE DE 1867
A PARIS

RAPPORTS DU JURY INTERNATIONAL

PUBLIÉS SOUS LA DIRECTION

DE M. MICHEL CHEVALIER

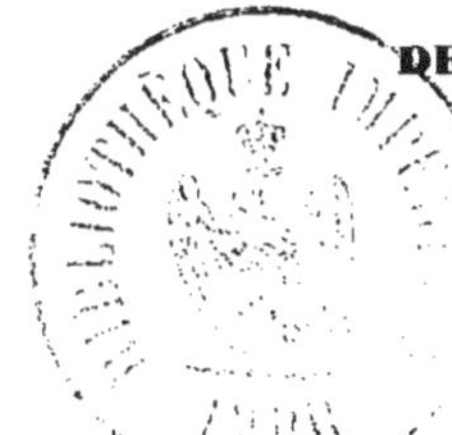

OUTILLAGE

POUR LA

FABRICATION DU SUCRE
DE BETTERAVE

PAR

Le Baron THÉNARD

PARIS
IMPRIMERIE ET LIBRAIRIE ADMINISTRATIVES DE PAUL DUPONT
45, RUE DE GRENELLE-SAINT-HONORÉ, 45

1867

OUTILLAGE

POUR LA

FABRICATION DU SUCRE DE BETTERAVE

—

INTRODUCTION.

Il y a soixante ans, quand, dans un accès d'ironique gaieté, notre implacable ennemie, aujourd'hui notre plus désirable alliée, peignait un de ses insulaires, sur les bords du détroit, jetant dédaigneusement une betterave vers la France, en disant : *Va te faire sucre*, elle ne savait certainement pas si bien prophétiser.

Fille de la Prusse par la science, fille de la France par l'industrie, petite-fille du système continental par la nécessité, la fabrication du sucre de betterave, dépouillant les tropiques d'un monopole, en apparence pour toujours assuré, abolissant la jachère sans diminuer les autres productions, augmentant celle de la viande; triplant pendant l'été le travail dans les campagnes, y supprimant le dur chômage de l'hiver; développant la science et l'art du mécanicien et du chimiste; fondant et entretenant d'immenses ateliers de mécanique, cette fabrication est certainement un des faits économiques les plus considérables qu'enregistrera l'histoire. Mais quel succès a jamais été acheté par plus de persévérance, de recherches, de sagacité, d'efforts généreux, d'audace et de confiance! Quel beau monument à élever à l'intelligence, au travail, à la science, que d'écrire dans toute sa vérité, dans toute sa naïveté, l'histoire du sucre de betterave! Ce n'est pas ici le lieu de tenter une telle œuvre; nous ne devons y contribuer que pour la part qu'y a prise l'Exposition actuelle, mais nul ne nous en voudra de ces quelques mots de reconnaissance envers les illustres devanciers des illustres industriels dont nous allons essayer d'esquisser les travaux.

Quand, d'un mélange de matières sans propriétés chimiques bien tranchées, il faut extraire l'une d'elles, l'opération est toujours délicate, mais elle le devient bien plus, si, dans un temps très-court, et sous des influences nombreuses, difficiles à conjurer, la substance principale change de nature sans retour possible à son premier état, et, surtout, si les matières à éliminer s'altérant elles-mêmes, acquièrent des propriétés nouvelles qui les rendent plus inertes encore à l'action des agents chimiques et physiques destinés à les faire disparaître.

Telles sont les difficultés que la nature, comme à plaisir, semble avoir accumulées dans le jus de la betterave. Aussi, ne doit-on pas être étonné s'il a fallu plus d'un demi-siècle à la science et à l'industrie pour les reconnaître et les vaincre en partie, et si, chaque année, apportant de nouveaux renseignements, voit apparaître des innovations, parfois des procédés qui, tout en marquant des progrès incontestables, viennent remuer les fabriques jusque dans leurs fondements, en mettant à néant les outillages les mieux construits, souvent les plus récents, toujours les plus coûteux. C'est là un des côtés néfastes de cette belle industrie, mais c'est par là aussi que, se soutenant à peine au début à des prix de 12 francs, qui, sous l'empire de lois prétendues protectrices, ne se sont que lentement abaissés, elle peut aujourd'hui s'enrichir à des prix de 60 centimes, et lutter glorieusement contre les colonies, cependant bien plus favorisées par la nature.

Jusqu'ici, quels que soient les détails spéciaux à chaque procédé, la fabrication du sucre de betterave compte cinq opérations distinctes.

1° L'extraction du jus;

2° L'élimination préalable de la plus grande masse possible des matières qui accompagnent le sucre;

3° La concentration ultérieure du jus dans les meilleures conditions de conservation du sucre et d'économie du combustible;

4° La cristallisation du sucre au sein du sirop ainsi obtenu;

5° La séparation de ces cristaux d'avec les eaux mères où ils ont pris naissance, et qui, sous le nom de *mélasse*, contiennent, outre le sucre qui a refusé de cristalliser, des sels alcalins solubles et les matières organiques qui n'ont pas disparu à la seconde opération. Or, à chacune de ces opérations répond un outillage spécial et indépendant des autres; c'est donc dans cet ordre, et en considérant chaque opération isolément, que nous allons établir le bilan des progrès réalisés.

CHAPITRE I.

RAPERIE.

De l'extraction du jus. — L'extraction du jus se fait dans un atelier spécial, portant le nom de râperie.

Une râperie complète, du système actuellement employé, compte : Un laveur de betteraves; une râpe; un ou deux ensacheurs; une ou deux presses à préparer; de huit à douze presses hydrauliques; un ou deux monte-jus.

Laveur. — Le laveur est toujours celui qu'a inventé M. Champonnois en 1825, et qui, depuis lors, a été partout adopté; cependant, s'il n'a, par lui-même, subi aucune modification, il a été heureusement complété par MM. Joly et Camus. En tête, ils y ont placé une noria qui, prenant les betteraves à terre, ou, mieux, dans un trou où il suffit de les pousser, les élève et les verse dans la trémie. C'est pour ce genre de travail une économie de peine et de main-d'œuvre de 50 pour 100 environ. En queue, ils y ont mis un épierreur; c'est une espèce de patouillet double dans les auges duquel tombent les betteraves avec les pierres qui les accompagnent trop souvent; par le mouvement des bras du patouillet, les betteraves ne font que passer, tandis que les pierres et les autres corps durs et denses restent dans les auges, d'où on les retire à chaque temps d'arrêt. Cet appareil rend de sérieux services en préservant les râpes et les coupe-racines de graves et trop fréquentes avaries.

Râpe. — La râpe a aussi été l'objet d'actives et heureuses recherches auxquelles ont contribué, chacun de son côté, MM. Cail, Joly et Camus, et M. Champonnois. M. Cail a cherché à en régulariser l'action, tout en en augmentant l'effet utile; pour cela, il ne commande plus directement les poussoirs par un simple arbre coudé qui en fait varier la vitesse en avant, mais par des lames en spirale qui, la rendant constante, assurent à la pulpe une grande régularité; puis, par une disposition heureuse de leviers et de contre-poids, il ramène plus vivement les sabots en arrière et abrége le temps perdu.

MM. Joly et Camus ont au contraire supprimé les poussoirs, tout en diminuant le nombre et la grosseur de ces petits morceaux de betterave qui, échappant à la râpe, nuisent tant par leur résistance à la pression de la pulpe qui les entoure et sont une si grande cause de détérioration des sacs. C'est à l'aide d'une trémie courbe ayant en largeur toute la longueur du tambour et l'embrassant sur le tiers environ de sa circonférence qu'ils y sont parvenus. A sa partie supérieure, la trémie, s'éloignant du tambour de 18 à 20 centimètres, forme avec lui une gueule par où s'engagent les betteraves, tandis que s'en rapprochant à la partie inférieure jusqu'à devenir presque tangente, elle ne permet guère qu'à la pulpe de passer. Cependant, bien que moins nombreux et plus petits que par le passé, il s'échappe encore quelques petits morceaux de betterave qui, se logeant entre les rangs des dents, ne sont pas atteints par elles. Toutefois, comparé à l'ancien système, le progrès est marqué, et les râpes de MM. Joly et Camus ont un succès mérité.

Quant à M. Champonnois, il s'est montré tout à fait radical. Avec lui, le tambour est devenu un cylindre fixe, les dents sont tournées en dedans, la betterave n'est plus en repos pendant le temps du râpage; elle est, au contraire, animée d'un vif mouvement de rotation qui, par la force centrifuge qu'elle acquiert, l'oblige à venir se déchirer contre les dents du cylindre. Du reste, voici la description qu'en donne M. Cail, qui, toujours à l'affût des innovations les plus utiles, et ne craignant pas de se faire à lui-même concurrence, s'est allié à M. Champonnois pour construire et exploiter la nouvelle râpe :

« Cette râpe diffère des râpes ordinaires en ce que le « tambour est fixe et que l'effort de pression de la racine sur « la surface râpante se produit par la force centrifuge; la « surface râpante est à l'intérieur au lieu d'être à l'extérieur. « La racine, introduite dans le tambour, est mise en mouve- « ment circulaire par des branches en fonte; elle prend la « vitesse qui lui est imprimée par ces branches, et elle frotte « sur la surface râpante avec un poids correspondant à cette « vitesse. Ce système a l'avantage de simplifier le mécanisme « au plus haut point.

« Les surfaces travaillantes peuvent être également ré- « duites, en ce que l'action du râpage s'exerce sur toute la

« surface râpante à la fois. La vitesse utile est aussi bien « moindre que celle des râpes à tambour, tournant en raison « du grand effort de frottement que donne la force centri- « fuge. Cet effort, limité au poids de la masse en mouvement, « garantit contre les avaries sérieuses que peuvent produire « les corps durs, pierres ou autres, introduits accidentelle- « ment avec la betterave ; ils peuvent frotter sans grand « danger pendant quelques secondes. La facilité du débrayage, « par un arrêt instantané, garantit contre une grave alté- « ration des lames.

« L'avantage le plus important de ce système, c'est de « donner une pulpe très-régulière et le degré de finesse dé- « siré, suivant la saillie donnée aux lames , tout en utilisant « mieux la force et en équilibrant l'arbre par le travail lui- « même.

« Le même appareil, modifié quant à la forme des lames, « fonctionne parfaitement comme coupe-racines. »

Cette description, que l'on trouve dans la notice de M. Cail sur son exposition, est un jugement qui a plus de valeur que le nôtre, car M. Cail apprécie et exécute ; nous, nous ne faisons qu'apprécier.

Cependant, qu'une observation nous soit permise : M. Champonnois, pour réduire l'espace occupé par son instrument, ne lui a appliqué qu'un petit volant qui, de plus, par des motifs secondaires de construction, se trouve aussi éloigné que possible du coussinet principal. Nous sommes distillateur et nous faisons usage du coupe-racines Champonnois ; or, nous fondant sur la fixité du plan de rotation si bien démontrée par notre illustre confrère Foucault, pour mieux fixer le plan de rotation et empêcher ainsi toute déviation du plateau, nous avons placé notre volant qui d'ailleurs est bien plus puissant que celui de M. Champonnois, tout près du coussinet principal, en sorte que par le volant, nous équilibrons le plateau, et par son mouvement nous empêchons tout changement du plan de rotation. Le succès que nous avons obtenu ainsi est tel que voilà trois ans que nous nous servons du même coussinet, quoiqu'il ait plus de un millimètre de jeu.

Ensacheur mécanique. — Une fois râpée, la betterave est mise dans des sacs en malfile claire, et portée sous la presse à préparer.

A priori, cette petite opération paraît peu pénible et facile à bien faire; cependant il n'en est rien : par les mouvements rapides et répétés qu'elle exige, et dans lesquels sont engagés les principaux muscles du corps, elle finit par fatiguer beaucoup les ouvriers; de plus, sous peine de mauvaises pressions, elle exige une assez grande précision.

MM. Joly et Camus, que nous avons déjà eu le devoir de signaler et qui ont étudié le râpage de la betterave avec un soin tout particulier, sont les premiers qui se soient préoccupés de cette question intéressante. Avec eux, c'est une pompe qui, aspirant de la pulpe qu'elle puise dans un réservoir où elle arrive sans cesse, et la refoulant à chaque oscillation en quantité nécessaire, est chargée de remplir les sacs.

Théoriquement, l'idée est des plus ingénieuses; malheureusement, le moindre morceau de betterave qui se loge dans les clapets risque d'entraver le jeu de l'appareil; aussi, ne serions-nous pas étonné que MM. Joly et Camus n'aient surtout perfectionné leur râpe afin de mieux assurer le jeu de leur pompe. Cependant, depuis eux, on a remplacé la pompe par une véritable pelle mécanique qui n'a pas à redouter les fautes de la râpe, mais qui, il faut le dire, est loin aussi d'avoir la précision de la pompe, quand celle-ci fonctionne bien.

Aussi, suivant toutes les probabilités, maintenant qu'avec la râpe de M. Champonnois on n'aura plus que des pulpes très-égales, très-fines et tout à fait exemptes de morceaux, tout laisse à penser qu'on en reviendra à la pompe de MM. Joly et Camus.

Cependant, avant d'en finir avec le râpage, il est un détail qui mérite de fixer l'attention : c'est la manière élégante dont

M. Cail a groupé le laveur, la râpe et l'ensacheur. Ces trois appareils ne font qu'un tout solide qui a pour base une auge en fonte où tombe la pulpe, qui, dès lors, ne s'égare plus au milieu de l'atelier, et vient, tout en s'altérant, faire glisser les ouvriers et entraver leur travail.

Presse à préparer. — Une fois ensachée, la pulpe passe d'abord sous la presse préparatoire où elle perd 50 pour 100 de son jus, et prend assez de consistance pour qu'à la presse à finir les piles de sacs, ne se déformant plus, puissent être serrées à fond.

Les presses à préparer sont de trois types : la presse à vis, la presse à vapeur, la presse hydraulique à mouvement rapide, mais à faible pression.

M. Cail continue à préférer la presse à vis : par une nouvelle disposition, il la fait fonctionner à l'aide d'un mouvement plus ou moins analogue à celui d'une de ses machines à raboter, et, par ce moyen, il en règle à volonté la course et jusqu'à un certain point la pression.

La presse à vapeur emprunte son mode de va-et-vient à celui du marteau-pilon, sauf qu'elle ne martèle pas et ne fait qu'appuyer ; en cela, elle l'emporte sur la presse à vis, parce que sa pression est constante et ne fonctionne nullement comme elle de la hauteur de la pile de sacs : mais aussi elle appuie si brutalement qu'elle les crève avec grande facilité.

Quant à la presse hydraulique, elle doit sa rapidité, non-seulement au diamètre et à la course de sa pompe, mais surtout à un compensateur qui n'est autre chose qu'un piston long de 2 à 3 mètres et chargé d'un poids très-lourd qui se soulève pendant le temps où la presse ne travaille pas, et emmagasine ainsi de la force qu'il livre aussitôt qu'on met la boîte de refoulement en communication avec celle de la presse elle-même. Cet appareil très-élégant a été introduit dans les sucreries par MM. Lecointe frères, de Saint-Quentin ; il a l'immense avantage de donner une pression constante et qui se gradue bien à l'aide d'un robinet disposé *ad hoc*.

Presse à finir. — Les presses à finir sont les presses hydrauliques que tout le monde connaît : depuis longtemps elles semblent arrivées à l'apogée de la perfection : leur travail est régulier, et les buffets de pompes qui les complètent sont généralement bien conçus et bien exécutés. Ce n'est donc plus dans cette voie qu'il faut chercher le progrès : c'est dans un nouvel appareil qui, d'alternatif, rendrait le travail continu, supprimerait l'emploi dispendieux des sacs de malfile et la presque totalité de la main-d'œuvre, tout en donnant le maximum de jus ; déjà bien des inventeurs se sont posé cet important problème, et tout fait espérer que prochainement quelqu'un d'eux réussira.

Parmi les hommes qui ont étudié cette grave question, ne reculant devant aucun sacrifice, et qui en ont ainsi préparé la solution, nous citerons avec reconnaissance MM. Pecqueur, Colette de Seclin, Rohlfs, Bomel d'Haubourdin, Lefèvre de Corbebem, puis MM. Zambaux, Liebermann, Robert de Massy, Philippe et Champonnois, qui déjà ont été ou seront brillamment cités dans ce rapport. Parmi les systèmes qui se sont présentés à l'esprit des chercheurs, le laminage de la pulpe par des cylindres est un de ceux qui, bien que n'ayant pas encore tenu tout ce qu'on en espérait, méritent de ne pas être abandonnés.

Ce fut le hardi et illustre Pecqueur qui, y a plus de trente ans, entra dans cette voie en construisant une presse qui avait pour principe de faire passer la pulpe entre deux cylindres perforés à la surface. M. Colette de Seclin, avec une persévérance digne d'éloges, entrant dans les vues de Pecqueur, multiplia le nombre des cylindres et fixa les pulpes sur la surface du cylindre principal à l'aide d'une pompe foulante qui, en outre, commençait l'essoration.

M. A. Philippe continue des études dans cette direction : espérons qu'il réussira.

D'une autre part, MM. Lair et Mouflet ont imaginé de ne

plus râper la betterave, mais seulement de la couper en lanières, comme on fait dans la distillerie par le procédé Champonnois, de la jeter ensuite, par couches séparées par des claies, dans un cylindre perforé, de la cuire alors et de la comprimer.

Dans ces conditions, la proportion de pulpe essorée ne serait plus que de 10 à 12 pour 100, au lieu de 18 à 20, en sorte que, tout à la fois, on aurait plus de rendement en jus, moins de main-d'œuvre et pas de dépense de sacs. Le bénéfice serait donc considérable ; mais nous n'oserions dire que le sucre se conserve aussi bien dans un jus porté à 100 degrés en l'absence de tout alcali : c'est à examiner, car, dans le cas contraire, le nouveau procédé de MM. Lair et Mouflet pour l'extraction du jus mériterait la plus haute attention.

De l'extraction du jus par semi-macération. — Il y a quelque vingt ans, M. Champonnois nous disait que plus on mettait d'eau à la râpe et mieux les jus se travaillaient. Malheureusement, plus on met d'eau et plus il faut brûler de charbon : de là, la parcimonie des fabricants à cet égard.

Cependant il est dans les environs de Cologne des fabriques qui, avec des betteraves riches et des combustibles à bon marché, opèrent d'après ce principe.

Pour éviter les pertes, les sacs et surtout la main-d'œuvre, la betterave est rapée, puis jetée dans une essoreuse et lavée ultérieurement dans l'essoreuse même avec son poids d'eau.

Depuis l'invention du triple effet, les résultats obtenus par ce procédé ne laissent pas que d'être favorables et comme tels de mériter d'être signalés.

Enfin M. Robert de Massy, sacrifiant les pulpes, qui alors ne sont plus bonnes qu'à faire de la litière pour le bétail, mais aussi extrayant 92 pour 100 du jus au lieu de 78 pour 100, chaule la betterave à la râpe, la comprime alors, puis cuit le résidu additionné d'une seconde dose de chaux et la comprime aussi.

Faut-il condamner cette méthode? *A priori*, oui; elle enlève au fermier une nourriture précieuse à son bétail ; cependant, quand on réfléchit que :

1° Le jus de betterave est, en sucrerie d'abord, destiné à donner du sucre;

2° Que toute la partie de la betterave insoluble par elle-même, ou le devenant sous l'influence de la chaux, retourne à la terre;

3° Qu'il est loisible au fermier, en faisant un peu moins de betteraves, de remplacer les pulpes qu'il perd par d'autres fourrages, ou même en en faisant autant par de la betterave en nature;

4° Qu'enfin les frais de fabrication du sucre sont diminués, pendant que le rendement augmente ;

On abandonne ce vieux préjugé qui fait considérer la pulpe de betterave comme tout à fait indispensable aux bestiaux, et l'on devient partisan du procédé de M. Robert de Massy.

CHAPITRE II.

DE L'ÉLIMINATION PRÉALABLE DE LA PLUS GRANDE MASSE POSSIBLE DES MATIÈRES ACCOMPAGNANT LE SUCRE.

---

§ 1. — Historique des procédés.

Dans les procédés ayant cours aujourd'hui, et qui nous occuperont seuls ici, cette opération porte le nom plus court de *défécation*. Nulle n'est plus importante, nulle n'est en apparence plus simple, nulle n'exige des agents et un outillage plus vulgaires, plus vulgairement employés, nulle n'est resserrée dans un cercle d'idées plus étroit, et, cependant, nulle n'a plus exercé la sagacité des chercheurs.

Ainsi, en s'en tenant aux premiers inventeurs, et sans parler des importants travaux de leurs nombreux successeurs, on voit Lampadius conseiller, il y a soixante-dix ans, la défécation par la chaux, et il y en a soixante que son conseil est suivi; Derosne, il y a cinquante-cinq ans, introduire dans la fabrication le noir animal, qui depuis ne l'a jamais abandonné; Barruel, il y a cinquante ans, inventer l'injection de l'acide carbonique dans le jus après la défécation, afin de précipiter l'excès de chaux; M. Dubrunfaut insister, il y a déjà quarante ans, pour faire mélanger la chaux au jus, au sortir de la presse, afin de prévenir les altérations.

Toutes ces données, sagement coordonnées, savamment discutées, habilement appliquées, constamment contrôlées et perfectionnées, constituaient le seul procédé suivi jusqu'en ces derniers temps; et voilà que, aujourd'hui, sans changer aucun des agents employés, sans même intervertir leur ordre, MM. Possoz et Périer viennent de faire, par une voie où tant de savants distingués, tant de praticiens habiles ont tant de fois passé, une découverte scientifiquement des plus originales, industriellement d'une telle importance que, en quelques années, elle s'est implantée dans plus du tiers des fabriques, et que, avant peu, à moins d'un procédé nouveau, elle s'implantera dans toutes. En quoi consiste donc cette belle découverte ?

Quand, éliminant le procédé d'Achard, modifié par Crespel, de Lisle, on suit l'histoire du sucre de betterave depuis le jour où Derosne introduisit le noir animal dans sa fabrication, on voit que, sous le rapport de la défécation, elle se divise en quatre périodes bien tranchées. Pendant la première, on ne compte pas de trop près avec la chaux. Pendant la seconde, son dosage exact est, au contraire, l'objet des préoccupations constantes des fabricants. Pendant la troisième, on revient aux premiers errements, et même on en force encore un peu plus la dose. Pendant la quatrième, qui est celle inaugurée par MM. Possoz et Périer, plus on la prodigue et mieux on fait. Faut-il donc croire que ces diverses alternatives dans l'emploi de la chaux aient été dictées par la mode? La mode n'a que faire ici : tout s'est constamment réduit à une question de noir animal. Le noir animal, en effet, était au début à bon marché, aussi ne l'épargnait-on pas; de plus, une fois qu'il avait servi, on le jetait aux engrais; mais avec la multiplication des fabriques, et malgré les os venus de Montevideo et de Buenos-Ayres, le prix s'en éleva tellement, que l'on dut finir par y regarder de très-près. C'est même sous l'empire de cette nécessité que sa révivification fut inventée, et que Dumont créa les filtres qui portent encore son nom. Or, suivant que du noir animal a absorbé des matières purement organiques et fermentescibles, ou des matières organo-minérales et particulièrement organo-calcaires, il reprend à la révivification presque toute sa puissance, ou reste à peu près anéanti.

A la première période, quand on jetait le noir après qu'il avait servi, il n'importait donc pas de forcer un peu en chaux à la défécation, car, à quantité égale de noir, il n'y avait à tenir compte que du rendement en sucre; et comme, sous ce rapport, un petit excès de chaux ne nuisait pas, et servait à la conservation des jus, on en forçait tout naturellement la dose. Mais à la deuxième, avec la nécessité de revivifier le noir, il fallut, sous peine de l'anéantir rapidement, ramener la chaux à des limites exactes, et même, pour plus de sûreté, se tenir toujours un peu en dessous, quitte à laisser au noir le soin d'absorber la petite différence de matières organiques qu'un peu plus de chaux aurait précipitées ; car à la révivification on regagnait bien des fois le noir ainsi employé.

Malheureusement, avec la betterave rien n'est plus variable qu'une pareille limite ; l'espèce, l'état de conservation dans les silos, la nature du sol et des engrais, le degré de maturité des racines, la font, en effet, changer du tout au tout et sans qu'il soit possible de la déterminer à nouveau autrement que par des tâtonnements longs et délicats ; de là de graves mécomptes, même chez les plus habiles et les plus soigneux, qui, inopinément, voyaient faute de chaux la fermentation se mettre dans leur jus, puis, comme une gangrène, gagner un grand nombre d'opérations consécutives et compromettre parfois le reste de la campagne.

Les choses en étaient là quand MM. Rousseau frères, reprenant le procédé de Barruel, mais avec une sagacité dont on ne leur a peut-être pas tenu assez compte, inaugurèrent la troisième période.

Ces messieurs ayant, en effet, remarqué que, suivant que l'on fait ou qu'on ne fait pas bouillir un jus forcé en chaux, il retient ou ne retient pas de chaux après la carbonatation, conseillèrent dès lors la carbonatation sur jus clairs et très-forcés en chaux, mais qui à la chaudière n'avaient pas été portés à une température de plus de 85°, c'est-à-dire à une température où la chaux ne décompose pas encore les matières azotées de la betterave.

Avant d'aller plus loin, qu'on nous permette de payer ici un juste et impartial tribut de reconnaissance à MM. Rousseau frères; avant eux, la révivification du noir restait une arme à deux tranchants; mais après leur découverte, la révivification, se trouvant conciliée avec la conservation des jus, n'a plus été qu'un bienfait.

§ 2. — Procédé Possoz et Périer.

Après tous ces travaux qui se complétaient si bien les uns par les autres, et qui faisaient de la défécation, auparavant si délicate, si incertaine, une opération facile et sûre, il était à penser que, si un jour elle progressait encore, ce ne serait qu'en s'appuyant sur des agents autres que la chaux, l'acide carbonique et le noir; c'est, en effet, ce qui eut lieu d'abord; un instant la baryte donna l'espoir de voir supprimer le noir, tout en obtenant le sucre pur du premier jet; malheureusement, quoique bien peu soluble, le sucrate de baryte n'étant pas encore assez insoluble et la baryte demandant trop de chaleur pour se régénérer, la pratique ne put adopter cette hardie et magnifique conception ; l'alcool parut ensuite devoir rendre des services, et son emploi était à l'étude, quand MM. Possoz et Périer opérèrent la révolution actuelle, en découvrant ce qui, chose singulière, avait échappé à tant d'yeux vigilants, que le carbonate de chaux hydraté jouit, dans une certaine mesure des propriétés absorbantes du noir, et n'abandonne pas, en se déshydratant, les matières qu'il a fixées ainsi.

Nécessairement leur premier soin fut d'étudier quelles sont, dans la betterave, les substances sur lesquelles l'hydrocarbonate réagit ; bientôt ils reconnurent que sauf la matière azotée soluble, tant ménagée par MM. Rousseau, il absorbe toutes celles sur lesquelles le noir animal a lui-même une action.

C'était certainement un pas de fait ; cependant, en y regardant de plus près, ils finirent par s'apercevoir que, si par elle-même cette matière azotée reste réfractaire à l'hydrocarbonate, il n'en est pas de même des dérivés organo-calcaires qu'elle forme par une longue ébullition avec la chaux, et qui, eux, se laissent au contraire absorber avec une grande facilité.

Dès lors, partant de là, MM. Possoz et Périer ont imaginé le nouveau procédé connu sous le nom de double carbonatation, et dont le principe est de traiter deux fois de suite les jus par une forte proportion de chaux, l'ébullition et une injection simultanée d'acide carbonique, jusqu'à parfaite neutralisation. A la première fois, les jus reçoivent au sortir de la presse leur dose de chaux tout entière, ce qui prévient toute altération ultérieure ; de plus, ils sont carbonatés sur écume, c'est-à-dire dans la chaudière même où ils ont été déféqués ; c'est ce qu'on a appelé la carbonatation trouble.

A la seconde, les jus, ayant été tirés à clair dans une chaudière semblable à la première, ne reçoivent plus la chaux que par doses successives et répétées, même longtemps après que les vapeurs que l'ébullition en dégage ne sentent plus l'ammoniaque, ce qui indique que la matière azotée dont nous avons parlé est entièrement décomposée, et que, par conséquent, les substances organo-calcaires qui en dérivent, et qui sont absorbables par l'hydrocarbonate, sont complétement formées; quant au courant d'acide carbonique, il est également suspendu quand on est arrivé à la neutralité absolue; mais pour l'ébullition, elle est prolongée bien au delà de ce terme, c'est-à-dire jusqu'au moment où tout le bicarbonate de chaux qui se forme, même à cette température, est totalement décomposé et revenu à l'état de carbonate neutre et insoluble. Les jus, étant alors décantés, sont rapidement passés une première fois au noir, puis concentrés à 20° Baumé, repassés ensuite sur le noir, et enfin envoyés à la cuite.

Tel est le procédé Possoz et Périer; avec lui le noir, ce poison lent et coûteux des fabricants de sucre, sur lequel ils sont si souvent trompés, est réduit au dixième, sans même que ce dixième soit absolument indispensable; c'est la chaux, cet autre agent toujours énergique et sûr, quand on lui demande des réactions complètes, qui, avec l'acide carbonique, vient remplacer le noir; il en faut, il est vrai, davantage qu'autrefois; mais l'acide carbonique ne coûte rien, car il se perdrait si on ne l'employait pas, et la chaux coûte bien peu de chose, car elle est souvent revendue comme engrais à un prix plus élevé que celui de revient; quant à la main-d'œuvre, elle se compense. Ainsi, plus de garanties, moins de dépenses, et, pour couronner l'œuvre, une augmentation d'un sixième sur le rendement, et des sucres si beaux que, avec une prime de 12 pour 100, ils passent directement dans la consommation sans s'arrêter au raffinage.

Rarement un progrès a été aussi décisif, aussi complet.

Quant à l'outillage nécessaire à l'exploitation du procédé Possoz et Périer, il se compose de quatre sortes d'appareils :

1° Les chaudières à déféquer; 2° la soufflerie à acide carbonique; 3° les filtres à noir; 4° les presses à écume.

Chaudières à déféquer. — Les chaudières à déféquer, quant au principe, ressemblent tout à fait aux anciennes, sauf que, outre le serpentin de vapeur, dont on a relativement fort augmenté la puissance, on a ajouté un serpentin à gaz acide carbonique qui est percé de trous comme une écumoire par où s'échappe le gaz en bulles très-petites et très-nombreuses. Cependant, en raison de ce que l'opération est double et dure plus longtemps, ce qui, pour une même quantité de betteraves, exige des chaudières cubant quatre fois plus, on les a faites carrées au lieu de rondes, afin de ménager l'espace qui, par avance, étant délimité dans les anciennes fabriques, ne pouvait être augmenté sans de grands frais d'aménagement. D'autre part, la tôle, plus économique, a remplacé le cuivre, la manœuvre des robinets a été rendue plus facile, et la vidange simplifiée, si bien que la main-d'œuvre a été réduite à la dernière limite.

C'est à M. Cail que sont dus ces heureux agencements. Mais il serait injuste de ne pas citer M. Évrard, de Douai, qui a apporté aux nouvelles chaudières un heureux perfectionnement; dans les conditions de l'opération, il se produit, en effet, des mousses fort gênantes que jusqu'ici on n'abattait qu'avec des corps gras, qui, à la fin, engendraient des inconvénients dans la fabrication et occasionnaient une dépense; à l'aide d'un petit jet de vapeur que livre un tuyau percé de petits trous placés en dehors du liquide en ébullition, M. Évrard a supprimé et les inconvénients et une partie de la dépense.

Soufflerie. — M. Cail, d'une part, et MM. Farinaud, Baudet, Bouart et Piedbœuf, d'autre part, ont aussi sensiblement amélioré la soufflerie : le cylindre à gaz est aujourd'hui à tiroir, ce qui lui permet d'atteindre des limites de vitesse auxquelles ne pouvaient arriver les machines à clapet, qui, du reste, se fatiguaient rapidement et demandaient un plus grand entretien.

Décanteur méthodique continu. — Une des opérations les

plus importantes dans la défécation, c'est l'éclaircissement des jus : rien, en effet, n'altère le noir avec plus de rapidité qu'un jus louche.

Or, en sucrerie, les opérations se succédant d'une manière régulière et sans qu'il soit possible d'en allonger une sans suspendre les autres, on était parfois obligé de sacrifier du noir plutôt que d'attendre des décantations parfaites, quand M. A. Perret, parent des célèbres inventeurs de la fabrication de l'acide sulfurique par les pyrites, est venu parer à ce grave inconvénient à l'aide du simple et ingénieux appareil dont nous allons esquisser le principe.

Le décanteur méthodique se compose d'un bac rectangulaire en tôle, divisé à l'intérieur en quatre compartiments formés par deux bandes de tôle en croix. Trois de ces compartiments fonctionnent à la fois, pendant que le quatrième est vidé, nettoyé des boues qui s'y sont déposées, et mis en réserve pour le moment où l'un des compartiments en action doit être remplacé. Quant au jeu de l'appareil, il est des plus simples : le liquide arrive à l'un des angles du compartiment n° 1, pour se déverser sans flots ni vagues à l'angle diagonalement opposé, dans le compartiment n° 2, et passer ensuite de la même manière dans le compartiment n° 3, pour de là passer aux filtres à noir.

Dans ce long trajet, et en ayant soin de donner au liquide un mouvement lent et une direction convenable, il se décante si bien que constamment il acquiert la plus grande limpidité ; c'est là un véritable service rendu à la sucrerie et aux arts chimiques.

Filtres à noir. — Les grands filtres à noir de Dumont ont été remplacés par des petits, qui du reste ne présentent pas un intérêt particulier.

Presse à écume. — Cependant, avec les fortes proportions de chaux qu'emploient MM. Possoz et Périer, il y avait évidemment lieu de perfectionner le travail des écumes, et c'est à quoi est venue satisfaire la presse filtre inventée par M. Danek et successivement perfectionnée par MM. Riedel et Kemnitz , d'une part, et MM. du Rieux et Roettger, d'autre part.

En voici, du reste, la description donnée par MM. Du Rieux et Roettger eux-mêmes :

Cet appareil se compose d'une série de plateaux circulaires ou cadres disposés verticalement les uns auprès des autres, et qui sont munis de talons, s'appuyant sur des arbres latéraux, et destinés à les soutenir et à leur donner la faculté de glisser, tout en permettant de les enlever, quand cela est nécessaire : à l'une des extrémités est disposé un fort plateau qui est fixe, contre lequel viennent s'appuyer tous les cadres intérieurs, et qui reçoit les bouts des arbres latéraux sur lesquels glissent les cadres intérieurs ; à l'autre extrémité il existe un plateau de même force, mais mobile, et qui vient s'appuyer contre les cadres intérieurs, tout en glissant aussi sur les arbres. Au moyen d'une vis d'étau supportée dans la traverse qui relie cette extrémité des deux arbres latéraux, on peut serrer aussi fortement que l'on veut le gros plateau mobile contre les cadres, et les cadres contre le gros plateau fixe. A l'autre extrémité du gros plateau fixe, pour relier les deux arbres parallèles, il se trouve aussi une traverse de fer qui maintient tous les cadres. Chacun des cadres constitue un filtre qui extrait le liquide des matières qui lui ont été confiées. Chaque cadre est en fonte et pourvu de barreaux, sur chaque face desquels est placée une tôle perforée, recouverte d'une toile filtrante en matière textile.

Lorsqu'on serre préalablement ces cadres les uns contre les autres, le creux qui a été ménagé avec intention sur chacune des faces de chaque cadre forme alors une chambre ou un espace vide, compris entre deux tôles perforées et deux toiles filtrantes, et appartenant par chacun des côtés à un cadre différent. C'est dans cet espace qu'arrive la matière et qu'elle se soumet à la filtration et à la pression simultanées ; elle y arrive sous l'action d'un réservoir supérieur de matière, ou au moyen de pompes foulantes ou d'une pression de vapeur exercée sur la matière dans un monte-jus, ou encore au moyen de l'air comprimé ou de toute autre manière; en passant par un conduit ovale qui traverse tous les cadres, et que l'on a eu soin de ménager dans la partie pleine et supérieure du bord du cadre, afin de ne pas être forcé d'entailler les toiles, ou les tissus métalliques, elle se répand dans les différents compartiments formés entre les surfaces filtrantes de deux plateaux voisins, etc.

Par l'effet de la pression, la matière se filtre en traversant les tissus textiles ou métalliques, et par des conduits munis de robinets elle finit par arriver au jour, où on la recueille pour en disposer comme il convient.

Cet appareil était certainement l'un des plus originaux de ceux qui figuraient à l'Exposition de 1867 : simple de construction, d'un maniement facile, il donne la solution depuis longtemps cherchée d'un problème des plus importants pour les arts chimiques : *la filtration rapide et sûre des matières semi-fluides.*

CHAPITRE III.

DE LA CONCENTRATION DU JUS.

---

§ 1. — Procédés divers.

On sait combien sont nombreuses les influences sous lesquelles le sucre cristallisable se transforme en sucre incristallisable; mais on n'ignore pas non plus que la chaleur favorise singulièrement ce phénomène.

Tout procédé de concentration qui abaisse le point d'ébullition d'un jus et, *a fortiori*, d'un sirop, est donc favorable à l'extraction du sucre; ce fut Howard qui, vers 1818, appliqua ce principe en découvrant la chaudière à évaporation dans le vide. Malheureusement elle n'économisait pas assez le combustible pour qu'il y eût intérêt à lui faire concentrer les jus; aussi, il y a quelques années encore, n'était-elle employée que pour la cuite des sirops.

Les jus, en effet, avant d'arriver aux chaudières d'évaporation, passaient d'abord en lame très-mince sur des tuyaux par lesquels s'échappaient toutes les vapeurs de détente des moteurs et des chaudières de concentration, en sorte que, sans qu'il en coûtât rien, ils arrivaient déjà très-notablement concentrés dans les chaudières à évaporation directe. Ce simple et ingénieux procédé a marqué en son temps un important progrès. Cependant, il était à regretter qu'il n'épargnât pas le sucre aussi bien que le combustible; que même il allât contre le principe qui veut, qu'au lieu d'élever le point d'ébullition, on doive l'abaisser d'autant plus que le jus se concentre, parce que les matières qui déterminent l'interversion du sucre se concentrant elles-mêmes, prennent d'autant plus de puissance qu'elles sont moins diluées et que le sirop devient lui-même plus riche en sucre. Les choses en étaient là, quand apparut le triple effet qui résout le problème dans son entier, et pousse même plus loin que le double effet l'économie du combustible.

Quelle que soit sa tension, quand une vapeur se condense, elle dégage une quantité de chaleur qui, sous le même poids de vapeur, est sensiblement la même. Par conséquent, en admettant qu'il n'y ait pas de déperdition de chaleur, on pourrait faire bouillir autant de chaudières à vide que l'on voudrait et tirer simultanément de chacune d'elles une même quantité d'eau distillée en n'en chauffant qu'une seule : il suffirait, pour cela, de mettre le générateur de cette chaudière, qui serait chauffée directement, en communication avec l'appareil de chauffe de celle qui la suivrait, d'en faire de même de la seconde à la troisième, et de continuer ainsi jusqu'à la dernière; puis de faire dans chacune un vide bien gradué, qui, aussi complet que possible dans la dernière, ne serait que de quelques centimètres dans la première.

Tel est le principe de l'appareil actuel; seulement, comme l'absence de toute déperdition de chaleur est un fait impossible, comme il est bien difficile d'éviter toute rentrée d'air, comme le point d'ébullition s'élève à mesure que les jus se concentrent, comme les surfaces de chauffe doivent avoir d'autant plus de développement que la vapeur, en se dilatant, agit à une plus basse température, on n'a pu multiplier indéfiniment le nombre des chaudières, et, dans la pratique, il a fallu se restreindre à trois; de là le nom de triple effet donné à l'appareil.

La première des chaudières qui est chauffée par la vapeur d'échappement des moteurs, et à laquelle vient s'ajouter une part plus forte, directement tirée des générateurs, reçoit les jus faibles venant des filtres à noir et marquant de 4 à 5 degrés au densimètre de Baumé, et les porte à 10; la deuxième, qui est chauffée par la vapeur s'échappant de la première, s'approvisionne également à ses dépens et porte les jus à 16; la troisième, qui est chauffée par la vapeur de la seconde, lui emprunte aussi ses jus qu'elle élève à ses 20 degrés, pour les retourner alors aux filtres, et de là à la cuite; quant aux dépressions exercées dans chaque chaudière, elles sont en commençant par la première de 25, 45 et 65 centimètres de mercure, et les températures de 80, 65 et 50 degrés. Aussi, avec cet abaissement de température concordant avec la concentration successive du jus, le sucre est si bien ménagé que, non-seulement le rendement augmente de 1/4 pour 100, mais surtout il est assuré. Quant à l'économie de charbon, elle est de 29 pour 100 sur celui qui était consommé avec les appareils à double effet.

C'est à M. Robert, l'illustre agronome de Sennowisch, que l'on doit l'invention du triple effet. Maintenant qu'elle a réussi, d'autres prétendants en réclament la paternité, nous le savons; mais, en industrie, celui qui fait passe bien avant celui qui dit;

on dit tant, en effet, que c'est un hasard quand on dit bien; le cahier des brevets est là pour le prouver.

D'après ce que nous venons d'expliquer, un triple effet devrait se composer de trois appareils d'Howard, dont les chaudières 2 et 3 rempliraient le rôle de réfrigérant à l'égard des chaudières 1 et 2; en sorte qu'il devrait compter : 1° trois chaudières ; 2° trois vases de sûreté ; 3° un réfrigérant pour condenser les vapeurs de la troisième chaudière; 4° trois machines à vide.

Ce fut ainsi, en effet, que l'on construisit les premiers appareils. Mais bientôt l'on vit que, du fait même de la condensation des vapeurs émanées d'une chaudière au contact des surfaces plus froides qu'elles rencontrent dans la chaudière suivante, il se produit spontanément un vide qui est suffisant pour l'effet désiré; dès lors, on supprima les pompes pneumatiques des chaudières 1 et 2, et on ne laissa subsister que la pompe de la chaudière n° 3, qui, en conséquence, fut chargée non-seulement de faire le vide dans la troisième chaudière, mais encore d'absorber les eaux de condensation des autres chaudières, ainsi que les gaz fixes qui, quoi qu'on fasse, s'y trouvent toujours mélangés.

Chaudières à évaporer. — Ceci établi et la chaudière d'Howard étant connue, nous n'avons plus qu'à nous occuper des dispositions particulières que réclament les chaudières d'un triple effet. La chaudière d'Howard marchant au besoin à vide plein et ne recevant dans son appareil de chauffe que de la vapeur sous forte pression, un petit serpentin lui suffit pour la mettre en action ; mais avec le triple effet il n'en est plus ainsi; les différences de vide étant faibles, la vapeur de chauffe ne dépassant pas 110 degrés au maximum et tombant à 65, il a fallu ménager, avec le plus grand soin, tout ce qui peut faciliter et maintenir la transmission de la chaleur et la pleine ébullition du liquide. Par conséquent, les surfaces de chauffe ont dû être développées et leur nettoyage rendu facile, afin que les limons dont elles se recouvrent, étant fréquemment enlevés, n'en altérassent pas la conductibilité; le métal qui les compose a dû aussi être réduit aux plus faibles épaisseurs, pour rendre la transmission de la chaleur plus rapide; enfin, il a fallu restreindre les couches de liquide à évaporer autant que l'ont permis pratiquement les autres conditions.

M. Cail, de Paris ; MM. Farinaud, Baudet et Bouart, de Lille, en participation avec M. Piedbœuf, d'Aix-la-Chapelle, M. Zambaux, de Paris, et M. J. Aders, de Neustadt-Magdebourg, tous exposants, ont résolu, avec des variantes qui leur sont propres, ce problème délicat.

L'appareil Cail représente assez fidèlement un cylindre de 2 mètres de diamètre sur 3 de hauteur, fermé à chaque bout par deux surfaces légèrement coniques, dont l'une porte, à sa partie inférieure, c'est celle du bas, un robinet servant à vidanger les eaux de toute sorte les jours de nettoyage; tandis que l'autre par sa partie supérieure communique, à l'aide d'un large tube, avec un appareil de sûreté où sont retenues les portions de jus que l'ébullition peut entraîner et de là, avec la chaudière suivante, s'il s'agit des chaudières 1 et 2, ou, avec le réfrigérant, et, de là, avec la pompe pneumatique, s'il s'agit de la troisième chaudière. Cependant à $0^{m}25$ du fond d'une part, et à $1^{m}20$ d'autre part, sont deux diaphragmes qui, par conséquent, divisent la chaudière en trois parties.

C'est entre ces deux diaphragmes que se trouve l'appareil de chauffe, qui est formé par des tubes droits en cuivre rouge de 10 centimètres de diamètre, rivés sur les deux diaphragmes à la manière des tubes d'un générateur de locomotive, et s'ouvrant, par conséquent, à la fois dans les deux capacités extrêmes qu'ils mettent ainsi en communication. La vapeur, étant injectée entre ces deux diaphragmes, vient échauffer les tubes et, par suite, le jus, qui occupe d'abord la capacité inférieure, puis l'intérieur des tubes, et enfin recouvre le diaphragme supérieur. Un trou d'homme permet d'ailleurs d'entrer dans la chaudière et d'en nettoyer les tuyaux, en y passant un simple goupillon ; de plus, des lunettes-fenêtres, placées diamétralement en face les unes des autres, et se répétant cinq ou six fois sur toute la hauteur, éclairent l'intérieur de la chaudière et remplacent avantageusement le tube indicateur de niveau, sujet à se briser.

Quant à MM. Farinaux, Baudet et Bouart, en participation avec M. Piedbœuf, leur appareil ressemble extérieurement à celui de M. Cail; seulement, pour faciliter la circulation de la vapeur de chauffe, ils l'ont un peu renflé entre les deux diaphragmes, mais, à l'intérieur, la différence est bien autrement importante.

Quand une surface n'est chauffée qu'à un degré très-peu supérieur au point d'ébullition du liquide, qui est à son contact, elle se recouvre souvent de petites bulles de vapeur très-adhérentes qui en détruisent presque complétement la conductibilité et empêchent ainsi, ou du moins nuisent beaucoup à l'évaporation. C'est, surtout, dans des tubes étroits et fermés que ce phénomène se remarque le mieux ; mais il est un moyen de l'empêcher, c'est de faire circuler le liquide en lui donnant un mouvement de bas en haut et de haut en bas, qui, en quelque sorte, ramone constamment les surfaces recouvertes de vapeur et entraîne les bulles qui tendent à y adhérer. Dans un appareil à triple effet, il est donc urgent, ou d'employer des tubes très-larges qui, malheureusement, ne sont pas favorables à la multiplication des surfaces de chauffe, et qui, en outre, exigent que le métal soit plus épais, par suite moins conducteur, ou bien, si l'on préfère les tubes étroits, d'y faire, par un moyen quelconque, circuler un liquide.

Malgré leurs inconvénients relativement au développement des surfaces de chauffe, M. Cail, comme nous venons de le dire, a adopté des gros tubes ; mais ses concurrents de Lille et d'Aix-la-Chapelle, ne voulant pas sacrifier ainsi la surface de chauffe, ont préféré les petits ; seulement, prévoyant bien que la vapeur les polariserait s'ils n'y obviaient, ils ont eu l'ingénieuse idée d'y faire circuler le liquide avec rapidité en reliant les deux diaphragmes par leurs centres à l'aide d'un gros tuyau de 18 à 20 centimètres de diamètre, venu de fonte, et débouchant, comme les petits, dans les deux capacités extrêmes de l'appareil.

De tous les tubes, en effet, c'est celui-là qui, relativement, s'échauffe le moins : dès lors, tandis que le liquide prend tout naturellement un mouvement *per ascensum* très-rapide dans les petits tubes où il est le plus échauffé, il en prend un *per descensum* dans le grand où il l'est beaucoup moins : en sorte qu'il s'établit dans les petits tubes un courant qui, les balayant constamment, prévient l'évopolarisation par les bulles de vapeur, qui sans cela adhéreraient à leurs parois. Cette ingénieuse disposition a permis à ses auteurs d'employer des tubes de 5 centimètres seulement, plus minces encore de paroi, par conséquent meilleurs conducteurs que ceux de M. Cail, et à l'aide desquels ils ont plus que doublé la surface de chauffe.

Dans la pratique, c'est cette nouvelle disposition qui, jusqu'ici, est préférée ; elle fait le plus grand honneur à ses inventeurs, qui du reste dans toutes leurs constructions et inventions soutiennent dignement la réputation de feu Farinaux, le fondateur de leur maison, qui dans son temps a eu, à la Société d'Encouragement, la gloire de partager le grand prix de 12,000 francs pour les machines à vapeur avec M. Farcot.

§ 2. — Procédé Zambaux.

De son côté, M. Zambaux, soumettant le triple effet à une critique plus sévère encore, s'est efforcé de tirer un meilleur parti de la vapeur de chauffe, et de supprimer les vases de sûreté, tout en réduisant le volume de l'appareil.

Nous avons déjà insisté sur ce fait, que la vapeur n'arrive jamais dans les appareils de chauffe sans quelque mélange de gaz qui proviennent, soit directement des jus, soit surtout des rentrées d'air par des joints insuffisants.

Or, pour une même machine pneumatique et un même

rapport de vapeur et de gaz, plus sont grandes les capacités qui contiennent ce mélange et plus les gaz deviennent nuisibles, et c'est à réduire ces capacités qu'a travaillé M. Zambaux, tout en développant davantage les surfaces de chauffe. Pour atteindre ce double but, il a, comme les industriels précédents, partagé sa chaudière en trois compartiments, mais il a attribué à chacun une fonction spéciale.

Le premier, qui n'a guère plus de 21 centimètres de hauteur, est une boîte qui reçoit la vapeur de chauffe avec les gaz qui s'y trouvent mélangés; le deuxième, qui n'a guère que 10 centimètres, est une boîte où se réunissent les eaux de condensation de cette même vapeur ainsi que ces mêmes gaz; le troisième contient le liquide à évaporer et l'appareil évaporatoire proprement dit.

Comment, maintenant, est disposé cet appareil évaporatoire, comment s'échappent les eaux de condensation et les gaz?

M. Zambaux, comme ses concurrents, commence, à l'aide de tuyaux munis de robinets qu'il règle à volonté, par faire communiquer entre eux tous les compartiments moyens de ses trois chaudières, en sorte que, comme dans les appareils précédents, c'est la machine pneumatique qui les purge tous de l'eau et des gaz qui s'y accumulent sans cesse. Ensuite, sur le diaphragme supérieur il plante, en quinconce et en aussi grand nombre que possible, des tuyaux en cuivre extrêmement mince, de 0^{m}03 de diamètre seulement et de 1^{m}20 de longueur qui, fermés par le haut et ouverts par en bas, communiquent d'une part avec le compartiment intermédiaire, et de l'autre sont entièrement plongés dans la chaudière; ensuite, en correspondance avec ces tuyaux, il plante également, mais cette fois sur le diaphragme inférieur, des tubes de 0^{m}02 de diamètre qui, d'une part, s'ouvrent dans la boîte inférieure et, de l'autre, s'élèvent à un centimètre près jusqu'au haut des tuyaux précédents, en les parcourant dans toute leur longueur et n'y laissant libre qu'un petit espace annulaire.

Telles sont, en ce qui touche le chauffage, les dispositions nouvelles imaginées par M. Zambaux ; on ne peut se refuser à les trouver des plus ingénieuses : en effet, la vapeur s'élançant des boîtes à vapeur dans les petit tubes, arrive bientôt au haut des grands, qu'elle parcourt alors en descendant et en se laminant dans le petit espace annulaire que laissent entre eux les gros et les petits tubes ; pendant ce temps, elle se condense d'autant mieux qu'elle passe en couche plus mince, et produit ainsi un effet utile plus complet et plus rapide : d'autre part, les gaz nuisibles se concentrant sans cesse dans les boîtes intermédiaires, dont les capacités sont très-restreintes, la machine pneumatique les enlève presque aussitôt et presque complétement, en même temps que les eaux de condensation, et, par ce fait, le vide devient plus considérable.

Malheureusement, en regard de ces avantages, n'a-t-on pas à craindre que le nettoyage des tubes étant plus difficile, ne devienne moins fréquent et qu'on ne perde ainsi dans la pratique ce que fait gagner la théorie ?

Dans une fabrique bien équipée, où l'on ne craint pas de déboulonner et d'enlever de dessus son embase une grande pièce, comme celle qui forme le compartiment des jus, et où, après avoir nettoyé les tubes, on sait bien refaire un grand joint, comme celui qui est nécessaire quand il faut la remettre en place, nous convenons que l'appareil Zambaux offre des avantages incontestables ; mais nous ne serions pas sans crainte de le voir manié par des mains impuissantes ou inhabiles.

Cependant, quelque considérables que soient déjà les recherches de M. Zambaux sur le triple effet, il les a poussées encore plus loin. Quoique à un moindre degré, le jus de betterave mousse et monte comme le lait quand on le fait bouillir ; dès lors, il a fallu jusqu'ici réserver dans les chaudières des espaces vides immenses, et même des vases de sûreté pour se mettre à l'abri des pertes qui seraient la conséquence des entraînements par la mousse. Or, M. Zambaux a cherché un moyen d'empêcher, ou plutôt, de détruire cette mousse, et, par conséquent, de réduire la capacité des chaudières et de supprimer les vases de sûreté.

Chacun connaît ce petit ustensile de cuisine pour empêcher le lait de monter et qui consiste en un cylindre en fer-blanc ouvert des deux bouts, ayant environ les trois quarts du diamètre de la casserole et qu'on y suspend de façon que n'arrivant guère qu'à 1 centimètre de fond, il ne s'élève pas à plus de 5 millimètres en dessus du liquide; on sait qu'alors, quand le lait commence à bouillir, au lieu de monter, il se forme un courant qui, partant du centre et du fond du vase, s'élève à la surface du liquide, puis se renverse par dehors les bords de la couronne de fer-blanc, et redescend le long des parois de la casserole, pour regagner le centre et recommencer le circuit.

Tel est le principe que M. Zambaux a appliqué avec succès à toute sorte de chaudières, et, particulièrement, à celles destinées à la concentration du jus; seulement, pour éviter les projections dans les triples effets, il a poursuivi le cylindre accessoire jusqu'au dôme, où il l'a rivé, puis il y a percé des trous au niveau du liquide de façon que celui-ci et la vapeur qui l'accompagne ne se départagent, l'un pour redescendre, l'autre pour gagner le tube de départ, qu'après être passés par ces trous. Cette innovation est heureuse, en ce que la capacité laissée dans la chaudière pour le développement de la mousse a pu être réduite des trois quarts, mais il est peut-être un peu hardi d'avoir supprimé le vase de sûreté; on n'est, en effet, jamais complétement sûr d'un succès constant en pareille circonstance; or, le moindre accident, quelque peu répété, coûte bien vite plus cher qu'un vase de sûreté. Cependant, si M. Zambaux a été un peu trop hardi, le principe qu'il a appliqué pour empêcher les chaudières de mousser n'en est pas moins destiné à rendre de grands services.

§ 3. — Autres procédés nouveaux.

Quant à M. J. Aders, de Magdebourg, il a, avant tout, cherché à multiplier les surfaces de chauffe, et, pour cela, il a substitué aux chaudières verticales dont les tubes ne peuvent guère avoir plus de 1^{m}20, des chaudières horizontales de 3 mètres de longueur, mais dont les tubes, au lieu d'être rivés sur les fonds, comme dans une locomotive, n'y sont fixés qu'à joint à l'aide de deux écrous extérieurs se vissant par bout sur les tubes qui peuvent ainsi se démonter pour être nettoyés.

Nous ne connaissions pas encore cette disposition. Aussi devons-nous être très-réservé dans le jugement que nous avons à en porter. Cependant, n'est-il pas permis de se demander si, plus qu'une autre, elle ne favorise pas les rentrées d'air? Sur quoi, en effet, doit s'appuyer l'embase des écrous? c'est évidemment sur les fonds de la chaudière ; or, au lieu de forcer sur l'écrou comme il arriverait si la chaudière était sous pression, les fonds, par l'action du vide, tendent plutôt à s'en éloigner. Comment, ensuite, être toujours assuré d'un joint dans un pas de vis? enfin, le nettoyage ne devient-il pas par ce système, si long, si délicat, si dispendieux qu'on s'en abstient autant que possible, et que, par là, on perd bien vite en conductibilité ce qu'on gagne en surface de chauffe? toutes ces craintes ne sont peut-être pas fondées, mais elles sont permises.

Pour les machines pneumatiques, à quelques détails près, elles ressemblaient autrefois à celles de nos cabinets de physique ; aujourd'hui, M. Cail les a simplifiées tout en leur donnant une élégance de formes, et en leur laissant une rectitude de jeu qui les ont très-sensiblement améliorées. Ainsi, elles n'ont plus qu'un cylindre, mais il est à double effet, et son piston, qui est monté sur la même tige que celle du piston moteur, joue dans une boîte à deux compartiments où se fait l'appel des eaux de condensation, de réfrigération et des gaz ;

peut-être pourrait-on demander un organe de plus qui, ainsi que celui qu'a adopté mon fils dans sa machine pneumatique de haute précision, vient à chaque battement détruire complétement les espaces nuisibles. Cette adjonction serait facile et l'appareil y gagnerait beaucoup.

Tel est, en résumé, tant sous le rapport des procédés que des machines, l'état actuel de l'outillage adopté pour la concentration des jus; il marque un très-sérieux progrès. On y rencontre à chaque instant l'application des principes scientifiques les plus délicats et les mieux compris.

CHAPITRE IV.

CRISTALLISATION DU SUCRE.

A 20° Baumé, le jus prend le nom de sirop. Sans parler des sels de potasse, de soude et autres, le sirop contient 66 pour 100 de sucre contre 33 d'eau, et ne cristallise que quand il ne contient plus que 14 pour 100 d'eau seulement. Par conséquent, pour arriver à la cristallisation, il faut encore concentrer le sirop (cette opération s'appelle la cuite), puis le faire cristalliser.

Il y a quelques années encore, ces deux opérations étaient très-distinctes ; une fois la cuite opérée, le sirop était mis dans de grands bacs en tôle où, pendant huit et quinze jours, en l'abandonnant à lui-même, il cristallisait, c'est-à-dire, se séparait en sucre solide ou cassonnade et en mélasses dites premières. Or, le matériel en bacs et la main-d'œuvre, les locaux nécessaires, la chaleur à laquelle il fallait les maintenir constituaient une sérieuse dépense, quand tout à coup on a trouvé un coup de main à l'aide duquel la cristallisation se fait en même temps que la cuite ; si bien que tout cet attirail s'est réduit de toute la main-d'œuvre, des 95 centièmes des bacs, et à un atelier de 150 à 200 mètres superficiels pour une fabrique de 130 tonnes de betteraves par jour.

C'est ce qu'on a appelé la cuite en grain, dont les résultats sont tels que, seule, elle est employée aujourd'hui.

Quant à l'appareil où s'exécute la cuite en grain, c'est toujours la chaudière d'Howard légèrement modifiée ; voici, du reste, la description qu'en donne M. Cail dans sa notice :

« Les sirops qui sortent, à 25° Baumé (1), de l'appareil d'é-
« vaporation, ont besoin d'être concentrés dans des conditions
« particulières pour être amenés au point de cuite convenable.

« Il faut, pour empêcher la transformation d'une partie du
« sucre en mélasse, soustraire les sirops à l'action des hautes
« températures, ce que l'on obtient en entretenant dans la
« chaudière à cuire un vide de 60 à 65 centimètres de mer-
« cure.

« Il faut aussi, pour former le grain dans la chaudière même,
« pouvoir faire une première cuisson jusqu'à la consistance
« de cuite ordinaire, puis continuer l'opération par l'introduc-
« tion successive de petites quantités de sirop en surcharge,
« qui déterminent, par leur différence de température, une
« cristallisation des sirops précédemment amenés au point
« de cuite.

« La chaudière qui est exposée, construite d'après les indi-
« cations d'un brevet du 22 mai 1860, remplit le but ci-des-
« sus de la manière la plus complète. Elle est munie, à cet
« effet, de trois serpentins superposés, dans chacun desquels
« on peut introduire séparément et successivement la vapeur
« qui est employée au chauffage.

« Il en résulte qu'au fur et à mesure que l'opération s'a-
« vance, le grain formé, ayant tendance à se précipiter au fond

(1) M. Cail dit 25° Baumé ; il semblerait naturel que nous acceptassions son chiffre, mais la grande majorité des fabricants de sucre et nos propres observations nous ayant confirmé que la cuite est meilleure, sans doute parce que le noir a plus d'action sur eux, avec des sirops à 20° seulement, nous maintenons ce chiffre.

« de la chaudière et venant ainsi couvrir les surfaces infé-
« rieures de cristaux mauvais conducteurs de calorique, l'é-
« bullition des sirops qui surnagent devient possible avec les
« serpentins supérieurs.

« Cette introduction successive de vapeur dans les serpen-
« tins, à partir du fond, a encore l'avantage d'éviter d'avoir
« des surfaces chauffées en dehors du liquide et empêche la
« caramélisation qui se produirait sur les bords de ces sur-
« faces.

« La faculté de produire le grain dans la chaudière même
« a donné d'excellents résultats; les sucres produits par ce
« moyen sont plus faciles à purger, sont plus beaux et donnent
« un rendement plus élevé par hectolitre de matière cuite.

« Tous les beaux sucres blancs qui figurent à l'Exposition
« de la participation Périer, Possoz et J.-F. Cail et Cie,
« (cl. n° 72), sont cuits en grains, dans ces appareils. Les lu-
« nettes-fenêtres dont est muni cet appareil dans toute la
« hauteur de sa calandre permettent au cuiseur de se rendre
« un compte facile et exact de la marche de son opération.

« L'appareil exposé peut produire 60 hectolitres de ma-
« tière cuite en grains dans une opération qui dure en
« moyenne huit heures, avec des jus bien épurés par le pro-
« cédé Périer et Possoz. Il est construit en tôle et fonte, avec
« des serpentins en cuivre rouge, et peut être employé indif-
« féremment pour les sirops de betterave ou pour ceux de
« canne.

« Plus de trois cents de ces appareils de différentes grandeurs
« fonctionnent aujourd'hui dans les pays sucriers, où ils ont été
« montés par la maison Cail et Cie. »

Ajoutons, pour compléter la notice de M. Cail, que la maison Farinaux, Baudet et Bouart, de Lille, a également exposé un appareil à cuire en grains, de la plus grande beauté.

CHAPITRE V.

SÉPARATION DU SUCRE CRISTALLISÉ DES EAUX MÈRES OU IL A PRIS NAISSANCE.

Autrefois, nous l'avons dit, la cristallisation était une longue affaire; mais il en était une autre presque aussi lente, c'était la séparation des cristaux d'avec les eaux mères; on n'y arrivait que par un long égouttage et des clerçages dispendieux dans les formes que chacun connait : pour avoir activé et simplifié cette opération, Schuzemback, connu d'ailleurs par d'autres excellents travaux, a conquis un nom justement célèbre dans l'industrie sucrière.

Mais c'était Rolphes et Seyrigue qui, en inventant l'essoreuse à force centrifuge devaient dire le dernier mot sur ce point. Tout le monde a vu cette curieuse machine; nous ne nous y arrêterons donc que pour signaler un perfectionnement que viennent d'y apporter MM. Brissonneau, de Nantes.

Quand on essore, ou, pour nous servir du terme consacré, quand on turbine un sucre, on commence par en chasser le sirop où les cristaux ont pris naissance, puis on les lave en jetant dans la turbine, et sans en arrêter le mouvement, une dissolution sirupeuse qu'on nomme de la clerce, et qui n'est qu'une dissolution concentrée de cristaux de la même nature et qualité que ceux qui sont en traitement ; enfin, on termine par un petit jet de vapeur.

Or, jusqu'ici, les sirops et la clerce allaient se mélanger dans la même citerne, et la clerce perdait ainsi beaucoup de sa valeur, surtout dans le traitement des bas produits. C'est à séparer les sirops d'eaux mères des clerces qui leur succèdent qu'ont travaillé MM. Brissonneau.

Pour cela, au lieu de diriger, comme on l'a fait jusqu'ici, l'ouverture de sortie suivant une direction perpendiculaire au corps de l'enveloppe, ils l'ont placée tangentiellement à cette même enveloppe et ont fait ainsi de l'appareil un vrai ventilateur, dont le violent courant d'air entraîne aussitôt au dehors les sirops ou les clerces dès qu'ils sortent de la toupie; en sorte que, sans augmenter sensiblement le travail, on peut, par un simple changement d'entonnoir, diriger les sirops et les clerces, quel qu'en soit le nombre, dans des citernes séparées et arriver par là à un clerçage méthodique qui donne des résultats à la fois plus complets et moins dispendieux que l'ancien procédé.

Du travail des mélasses.

Après le sucre vient la mélasse. S'il est un produit qu'on cherche à éviter, un produit que le fabricant rougisse d'avouer, c'est celui-là! Quand, en effet, le sucre vaut 60 francs, la mélasse n'en vaut guère que 12, et cependant elle contient pour 30 francs de ce même sucre cristallisable et pour 3 à 4 francs de salins. Aussi pourrait-on presque dire que la perfection de l'art du sucrier serait de ne pas faire de mélasse. Malheureusement, on en a toujours fait, on en fera peut-être toujours, et l'art de tirer parti de la mélasse est venu se placer à côté de l'art de faire le sucre.

C'est M. Dubrunfaut qui, sans conteste, en est le père; il a eu des élèves; il a eu des imitateurs; il n'a jamais eu d'émule, ou plutôt, il a toujours été jusqu'ici l'émule victorieux de tous.

Fermentation des mélasses. – Du jour où les colonies se mirent à faire du sucre, elles firent fermenter leurs mélasse et découvrirent le rhum; la fermentation des mélasses de betteraves n'est donc pas une invention, mais une imitation; cependant, ces nouvelles mélasses fermentaient toujours difficilement, et leur rendement en alcool était bien loin de représenter la quantité de sucre qu'elles renfermaient, quoique ce même sucre fût complétement détruit.

Les alcalis sont les amis du sucre, ne cessait de répéter Dubrunfaut; les acides ne seraient-ils pas les amis de l'alcool, se demanda-t-il un jour ?

Une cuve à la mélasse est, au début, neutre et souvent alcaline, mais elle reste toujours acide après la fermentation ; il s'y forme donc, sans doute aux dépens du sucre, des acides qui neutralisent d'abord les alcalis, puis qui, continuant à se produire, inversent alors le sucre, et déterminent à ce moment la fermentation alcoolique : après cette réflexion, il n'y avait plus qu'à acidifier les cuves, c'est ce que fit Dubrunfaut. Aujourd'hui que l'emploi de l'acide sulfurique est devenu si vulgaire dans la distillation des mélasses et de la betterave, on est tenté de sourire au récit de cette grande invention ; qu'on réfléchisse ; il en est bien d'autres qui, au lendemain de la découverte, auraient mérité de faire sourire davantage et qui ont justement fait passer les noms de leurs auteurs à la postérité.

Extraction des salins. — Mais les mélasses ne contiennent pas que du sucre, elles contiennent aussi des sels de potasse et de soude en quantité suffisante pour être exploités ; c'est ce que découvrit encore Dubrunfaut. Mais c'est à Robert de Massy qu'on doit le procédé industriel pour en tirer bon parti. L'évaporation des vinasses par les procédés connus, enlevait, en effet, tous les bénéfices, quand M. Robert de Massy eut l'ingénieuse idée d'y employer l'air brûlé des autres fourneaux de l'usine. Pour cela, il versa d'abord les vinasses en pluie sur six étagères en tôle superposées dans une sorte de large cheminée qui de 6° les montaient à 25°, puis, les faisant couler dans des chaudières échelonnées qui les concentraient à 32°, il les fit rendre sur la sole d'un four à réverbère où la matière, se desséchant, s'enflammait et devenait une nouvelle source de chaleur immédiatement utilisée au profit de l'évaporation (Rapport de l'Exposition de 1844, tome 2, page 787).

Mais, dans ces derniers temps, M. Porion, reprenant le principe de Robert de Massy, a supprimé les chaudières en substituant aux étagères une chambre où les vinasses sont pulvérisées par des agitateurs et qui, outre les gaz de la combustion des matières solides et des cheminées de l'usine, reçoit encore, à l'occasion, un supplément de chaleur du foyer qui, au départ, échauffe les fours à réverbère.

C'est là une heureuse simplification; cependant, on peut se demander si, profitant des masses de vapeur mélangées à l'air qui s'en va de la chambre, on n'aurait pas pu, à l'exemple de M. Kessler dans son éssorateur, obtenir une plus grande évaporation et arriver ainsi à ne plus employer de combustible supplémentaire.

Traitement des mélasses par la baryte. — Cependant M. Dubrunfaut, qui semble parfois oublier le bien, surtout quand il vient de lui, pour n'aimer que le mieux, ne se contentant pas de la distillation des mélasses, et regrettant toujours le 50 pour 100 de sucre cristallisable qu'elles contiennent, imagina d'extraire ce sucre par la baryte. C'était une belle fabrication : on aimait à voir ces masses si laides et si noires donner, en présence de la baryte, ce beau précipité si blanc, si facile à laver, qu'un peu d'acide carbonique transformait presque instantanément en un sirop limpide, pur de goût et de couleur, pendant que ces mêmes eaux de filtration, bien plus concentrées que les vinasses, livraient, sans dépense de combustible et presque sans main-d'œuvre, des masses de salin. Malheureusement, comme nous l'avons dit, le carbonate et le sulfate de baryte demandent trop de chaleur et, par suite, de combustible, pour se régénérer économiquement.

Traitement des mélasses par la chaux et l'alcool. — Après

cette nouvelle tentative de M. Dubrunfaut, ce fut M. Pésier, habile chimiste de Valenciennes, qui, tout récemment, reprit la question. C'est par la chaux et l'eau qu'il traite les mélasses; puis, les reprenant par l'alcool, il précipite le sucrate formé et se débarrasse des sels et des autres matières par un lavage méthodique à l'alcool étendu. Pourquoi n'a-t-il pas réussi? rien n'est plus simple, plus logique que sa méthode; nous l'avons expérimentée et rien n'était plus beau que les produits obtenus. Aussi, sommes-nous tenté de croire que le procédé Possoz et Périer arrivant d'un côté, et l'osmose de M. Dubrunfaut de l'autre, ont tellement détourné l'attention des fabricants qu'ils ne se sont pas suffisamment préoccupés du procédé Pésier.

Osmose. — Il y a quarante-cinq ans, Dutrochet mettait le comble à sa gloire, en découvrant l'endosmose et l'exosmose : quand dans un liquide moins dense on plonge une cellule contenant un liquide plus dense, mais soluble dans le premier, la cellule se gonfle, et réciproquement elle se dégonfle quand on opère inversement.

Ce fut notre illustre maître, Dumas, qui le premier fit à l'industrie du sucre l'application de la découverte de Dutrochet. Étant un jour dans une sucrerie des environs de Valenciennes, et voyant la résistance que le jus opposait dans la pulpe à l'action des presses, il conseilla aussitôt d'arroser la râpe avec de l'eau; incontinent l'expérience fut faite et réussit à ce point que, certainement, il est peu de personnes qui ne croient que cette tradition ne remonte à l'invention du sucre de betterave; mais c'est Champonnois qui le premier, et sans s'en douter cette fois, appliqua l'endosmose au travail des mélasses.

Au lieu de râper et de presser la betterave, il essayait d'en extraire le jus par la macération; pour cela, dans un grand tube en U, il faisait d'un côté arriver de l'eau et de l'autre de la betterave coupée, qu'à l'aide d'une chaîne munie de tampons, il ramenait à l'autre extrémité; comme on le voit, c'était un ingénieux lavage méthodique, qu'il facilitait encore en échauffant son eau par un jet de vapeur qui la portait jusqu'à 100°. Cependant, ayant eu l'idée de faire rentrer les mélasses dans le travail, il en ajouta à son eau; de ce côté, il réussit parfaitement; malheureusement la précipitation des écumes ne se faisant pas suffisamment bien, il fut obligé d'abandonner le procédé qui, aujourd'hui, est devenu pratique, quoique non pratiqué par suite de l'invention de la double carbonatation. Mais Graham, reprenant les travaux de Dutrochet, découvrit que quand on trempe dans de l'eau, dans de l'alcool ou dans un dissolvant quelconque, un tambour muni d'une membrane et rempli d'une dissolution de sels divers, il est de ces sels qui, à travers la membrane, s'exosmosent bien plus facilement que d'autres; si bien que, par ce moyen, on peut en grande partie les séparer. C'est ce qu'il a appelé la *dialyse*.

Or, avec ce coup d'œil et cette hardiesse qui le caractérisent, Dubrunfaut, saisissant la découverte de Graham et l'appliquant au travail des mélasses, vient d'inventer l'osmose, un des plus grands principes industriels, qui n'est encore qu'à son aurore.

Que fait donc Dubrunfaut? Entre des cadres qu'il place dans une caisse, de façon qu'après les avoir recouverts d'un côté d'une feuille de papier sulfurique ils ne communiquent pas directement entre eux, il fait circuler, de deux en deux, de la mélasse bouillante, et de deux en deux aussi, de l'eau bouillante, de sorte que l'eau entrant dans la caisse par la case n° 1, pour continuer par toutes les cases impaires, et sortir par la dernière, la mélasse au contraire entre par l'avant-dernière case qui est de numéro pair, pour circuler par toutes les cases paires, et sortir par la case n° 2. Or, pendant ce trajet, l'eau bouillante s'endosmosant en partie dans la mélasse, pendant que les sels alcalins les plus solubles s'exosmosent de cette même mélasse dans l'eau, il arrive que ces sels ne nuisant plus à la cristallisation d'une portion du sucre qu'ils retenaient jusque-là, la mélasse donne à la cuite une nouvelle quantité de cristaux qu'elle avait retenus jusque-là.

C'est ainsi que M. Camichel, habile fabricant de sucre à La Tour-du-Pin, dans l'Isère, qui, le premier a employé l'osmose, et M. Beaupère, directeur de la grande fabrique de Châlons-sur-Saône, et qui, le premier après M. Périer, a adopté avec un plein succès la double carbonatation, ayant traité d'importantes quantités de mélasse, ont reconnu que ce sont les sels les plus solubles, les acétates notamment, qui s'osmosent les premiers ; que, de plus, si on enlève 7 pour 100 de ces sels, c'est-à-dire le tiers de ce que les mélasses en contiennent, elles donnent alors 16 pour 100 de sucre cristallisable, c'est-à-dire le tiers également du sucre qu'elles renferment : mais ils ont remarqué qu'en allant plus loin, le sucre s'endosmosant à son tour plus vite que les sels qui restent (ce sont plus particulièrement des chlorures), il n'y a pas d'avantage à pousser l'opération au delà.

Cependant, si on fait le calcul, pour la France seulement, on trouve que pour une production de 274,000 tonnes de sucre qui engendre 137,000 tonnes de mélasse, M. Dubrunfaut, par ce tour de main, basé, il est vrai, sur les plus hautes données de la science, vient de doter son pays d'une augmentation de production qui, le jour où son procédé sera généralisé, s'élèvera à 22,000 tonnes et représentera, déduction faite du prix des mélasses absorbées, une valeur de 7,700,000 francs, c'est-à-dire une bonification de plus de 7 pour 100 sur le prix de la betterave employée.

Comme on le pense bien, une découverte aussi inattendue éveilla l'attention, mais les uns en doutèrent, les autres n'osèrent s'outiller ; pour tous, il y avait un tel mystère que peu eurent l'audace de s'avancer, et encore, parmi ceux-là, il y eut des maladroits qui firent peur aux autres ; si bien qu'aujourd'hui qu'il n'y a plus à douter, il n'y a que très-peu de fabricants qui osmosent leurs mélasses ; espérons que bientôt la lumière s'étant faite, chacun, si nul procédé meilleur n'intervient, viendra prendre sa part des nouveaux bienfaits dont celui-ci est la source.

Rentrée des mélasses dans le travail des betteraves. — Or, ce procédé pourrait bien intervenir. Quand M. Champonnois essaya la macération et ultérieurement la rentrée des mélasses dans le travail, la vraie difficulté qui l'arrêta fut la lenteur avec laquelle les écumes se déposaient à la défécation ; mais une fois la double carbonatation découverte, il songea que les jus devant s'éclaircir, en toutes circonstances, le problème devant lequel il avait échoué pourrait bien trouver une solution ; néanmoins, abandonnant pour le moment la macération, il se contente d'arroser la râpe d'une solution de mélasse, tout en y lançant un courant de vapeur pour cuire la pulpe, qui, sans cela, faute de la coagulation de l'albumine, ne fixerait pas les sels.

Le succès est-il complet ? M. Champonnois l'affirme, et nous sommes tenté de le croire : ses belles découvertes lui servent de garantie.

Tels sont les principaux travaux sur le travail des mélasses : l'addition de l'acide sulfurique pour en faciliter la fermentation ; l'extraction économique des salins ; l'extraction de leur sucre cristallisable par la baryte ; leur traitement par la chaux et l'alcool ; l'osmose ; leur rentrée dans le travail par fixation de leurs sels dans la pulpe elle-même, forment un contingent d'efforts qui tous sont marqués au sceau de la plus grande érudition et de la plus énergique initiative.

CHAPITRE VI.

DU NOIR ANIMAL.

Pour être moins abondamment employé dans l'industrie du sucre, le noir animal reste cependant un de ses agents les plus précieux. Il ne faut pas oublier, en effet, que de tous les sels que peut contenir un jus de betteraves, le sucrate de chaux est un de ceux qui nuisent le plus à la cristallisation.

Or, quoi qu'on fasse, l'acide carbonique ne le décompose pas jusqu'à la dernière trace, tandis que le noir, comme l'a démontré notre éminent confrère M. Payen, jouit de cette précieuse et singulière propriété : il fixe la chaux et met le sucre en liberté. Par conséquent, bien que le noir animal ne soit pas indispensable dans le procédé Possoz et Périer, il est encore si utile, au point de vue de l'absorption plus ou moins complète de certains sels alcalins et de la décomposition des dernières traces de sucrate, qu'on doit en maintenir l'emploi et, dès lors, chercher à perfectionner les procédés de sa fabrication et de sa révivification.

Les procédés pour fabriquer le noir et le granuler sont des plus simples et ne semblent pas s'être modifiés depuis un temps déjà bien long ; mais il n'en est pas de même de ceux qui tendent à le révivifier. Qui a inventé la révivification ? Nos recherches à ce sujet sont restées infructueuses ; il semble que ce soit une idée qui appartienne à tous sans appartenir à personne.

Bien avant, en effet, qu'on n'ait industriellement révivifié le noir, on le savait révivifiable en certaines circonstances, d'ailleurs mal déterminées ; mais ce n'est qu'à partir de 1827, lorsque Dumont, simple confiseur, ayant observé que le jus passé sur des noirs en grains se décolore encore mieux que quand on y mélange le noir en poudre, eut inventé les filtres qui portent toujours son nom, que la révivification devint une pratique industrielle qui fut étudiée avec soin.

La révivification comporte toujours quatre opérations différentes : la fermentation ; le lavage avec ou sans acide ; la dessiccation et la calcination ; la décortication.

Fermentation. — La fermentation dépend tout à fait de la nature des matières absorbées, et, suivant qu'elle est plus ou moins complète, que les produits qui en résultent sont plus ou moins volatils, ou au moins solubles et peu absorbables par le noir, elle produit un plus ou moins grand effet. C'est donc à obtenir des produits de ce genre que tendent les fabricants de sucre. Cependant, comme dans la pratique, ainsi que nous venons de le voir, il faut toujours laisser le noir absorber une certaine quantité de chaux, c'est sur la fermentation acétique des matières organiques que l'on compte pour se débarrasser, en grande partie du moins, de cet alcali si nuisible. D'après cela, la fermentation est donc une opération qui, bien que simple, doit être surveillée avec soin et conduite avec prudence : une température insuffisante qui n'y développerait pas assez d'acide acétique, comme une trop élevée qui rendrait les matières infermentescibles, doit donc être évitée. Quant à l'outillage, elle n'en exige aucun ; aussi nous ne nous y arrêterons pas plus longtemps.

Lavage. — Le lavage s'exécute soit dans une auge où tourne une hélice, soit dans un cylindre avec rebords rentrants et monté horizontalement sur son axe ; dans les deux cas, le noir est introduit par un des bouts de l'appareil pour sortir par l'autre, pendant qu'un courant d'eau suit le chemin opposé, en sorte que le lavage est méthodique.

Le cylindre doit évidemment être préféré à l'auge, car il permet au noir de se frotter plus régulièrement sur lui-même, de façon qu'il s'en détache à la superficie juste ce qui est nécessaire pour renouveler les surfaces, sans l'user inutilement, et surtout, sans le broyer en partie, comme le fait l'hélice qui écrase tous les grains qui se prennent entre elle et les parois de l'auge.

MM. Farinaux, Baudet et Boire, de Lille, viennent de construire le laveur à cylindre dans des conditions qui méritent de fixer l'attention des fabricants de sucre et des révivificateurs de noir.

Calcination.— Une fois lavé et égoutté, le noir est desséché à fond et calciné. A voir les os cuire, on pourait croire que la calcination du noir est une opération qui ne demande ni soin ni dépenses; il n'en est rien pourtant, elle est au contraire des plus délicates. Les os se fournissent à eux-mêmes leur propre combustible : ce sont les gaz et les vapeurs abondantes qui s'en dégagent, tandis que le noir, surtout quand il a été bien ménagé, bien fermenté, bien lavé, ne fournit que peu de gaz ; malheur au fabricant à qui il en fournirait beaucoup : ce serait le signe certain d'une mauvaise révivification. Dès lors, pour le calciner il faut employer du combustible, et au point de vue de l'économie il faut déjà que de ce côté les appareils soient bien disposés. A raison de leur surface moindre par rapport à leur volume, les os ne craignent, relativement, qu'assez peu un coup d'air qui ne les blanchit qu'à la surface seulement, tandis que le noir, qui est en petits grains, serait immédiatement traversé, brûlé, anéanti par ce même coup d'air : à la cuisson des os, il faut tout à la fois éviter les incuits et les trop cuits ; les uns laissent des matières empyreumatiques nuisibles, les autres donnent du noir qui par le frittement qu'il a éprouvé voit diminuer sa puissance.

Or, les matières organiques des os sont décomposées vers 500°, et ce n'est guère que vers 900° que se frittent les os. La limite entre les incuits et les trop cuits est donc très-grande, mais pour le noir, c'est autre chose; en effet, parmi les matières organiques qu'il absorbe, il en est qui ne se décomposent que bien au-dessus de 500°, tandis que le calcaire et les autres alcalis dont il se charge avancent d'autant plus le degré où il se fritte qu'il est plus vieux ou bien qu'il a été moins ménagé. De là, la nécessité d'appareils, qui, tout en économisant le combustible, restent parfaitement étanches d'air et se tiennent dans les limites étroites de température où la cuisson doit se faire.

M. Champonnois, en 1862, a donné l'appareil dont on suit encore le principe ; mais dans ces derniers temps cet appareil a été perfectionné d'une part par M. Blaise, dont la fille exploite avec une rare intelligence les brevets, et d'autre part par MM. Du Rieux et Rœttger.

L'appareil Champonnois consistait en quatre tuyaux de fonte disposés en jeu d'orgue, de 15 centimètres de diamètre environ sur 1m 50 de hauteur, dans lesquels on chargeait le noir par le haut pour le vider par le bas à l'aide d'un registre qui, faisant fonction de robinet, permettait de n'en extraire que la quantité convenable. De plus, un foyer placé latéralement à 80 centimètres de hauteur, chauffait la partie supérieure des tuyaux où le noir se cuisait, pendant qu'à la partie inférieure dans laquelle il finissait par arriver à la suite de soutirages successifs, il se refroidissait à l'abri du contact de l'air; des registres, d'ailleurs bien disposés, permettaient de régler le feu à volonté.

M. Blaise, étudiant le four Champonnois, vit qu'on pouvait augmenter le nombre des tuyaux sans brûler plus de combustible et augmenter sensiblement la main-d'œuvre, il chercha ensuite à utiliser la chaleur perdue au profit de la dessiccation du noir : enfin, remarquant que les tuyaux de fonte se détérioraient rapidement par le feu, il les remplaça dans la longueur où ils sont chauffés par des tuyaux en terre qu'il émailla, afin de les rendre imperméables à l'air.

Quant à MM. Du Rieux et Rœttger, ils disposèrent le foyer dans une voûte à réverbère, renvoyant la chaleur sur les tubes à travers des piliers réfractaires destinés à préserver des coups de feu; ils grossirent d'abord les tuyaux, et, y introduisant d'abord des os, ils emplirent les interstices laissés par eux avec du noir vieux, en sorte que tout à la fois ils fabriquent du noir neuf, en même temps qu'ils en revivifient du vieux. Cependant, profitant des produits de la distillation des os en les brûlant dans le foyer, ils obtinrent une économie sur le charbon précédemment employé ; enfin, à l'aide de vagonnets roulant sur des rails, ils réduisirent encore la main-d'œuvre. Comme on le voit, le four Blaise est un simple four de révivification, destiné plus spécialement aux fabricants qui revivifient eux-mêmes, tandis que le four Du Rieux et Rœttger est plutôt un four de grande fabrication. Tous deux méritent, du reste, l'estime que l'on en fait.

Décortication. — Après la calcination, vient le décorticage; le nom indique assez que l'opération a pour but d'enlever, si ce n'est la pellicule, puisqu'ils n'en ont pas, mais un peu de noir à la superficie des grains, afin d'en renouveler la surface. Un bon lavage au cylindre, surtout avec un peu d'acide, se substitue en grande partie à cette opération. Cependant il est parfois des noirs trop résistants pour qu'elle soit suffisante.

Or, M. Hennion a inventé un petit moulin qui, tout à la fois, peut concasser le noir neuf et décortiquer le vieux. C'est une broyeuse horizontale à cylindres coniques, analogue à un des modèles employés par les chocolatiers. Seulement, tandis que, chez les chocolatiers, toutes les surfaces sont lisses, chez M. Hennion, elles sont toutes cannelées ; réduit à cet état, l'appareil ne fait que concasser, et, pour décortiquer, il faut y ajouter un râteau ou traîneau fixé à la suite d'un des cônes et qui, suivant le poids dont il est chargé, agit plus ou moins rapidement sur les surfaces du noir, en sorte que suivant la dureté du noir sur lequel on opère, on fait varier le poids.

CHAPITRE VII.

DE LA FABRICATION DE L'ACIDE CARBONIQUE ET DE LA CHAUX.

Quand Barruel inventa l'injection de l'acide carbonique dans le jus, il produisit son acide en refoulant de l'air dans un poêle en fonte, rempli de charbon préalablement allumé et hermétiquement clos. Plus tard, quand MM. Rousseau reprirent le procédé de Barruel, ils suivirent à peu de chose près ses errements. Mais, lorsque M. Dubrunfaut arriva à traiter les mélasses par la baryte, l'acide carbonique devenant une importante affaire, il alla le chercher dans le four à chaux de la sucrerie dont il travaillait les mélasses. Dès lors, héritant non-seulement de l'acide carbonique provenant de la combustion, mais encore de celui dégagé par les calcaires, il obtint aussitôt un gaz riche à 42 pour 100, au lieu de 21 que contenait celui de Barruel et qui, à raison de sa plus grande richesse, produisait un effet proportionnellement bien plus considérable. Depuis ce moment, le principe de Dubrunfaut pour la production de l'acide carbonique a toujours été suivi ; mais M. Alfred Perret, l'auteur du décanteur méthodique, vient d'en améliorer tellement les dispositions, qu'il mérite une mention particulière.

Le four de M. A. Perret est continu et formé d'un cylindre vertical en tôle, garni à l'intérieur de briques réfactaires ; son sommet est couronné par une trémie conique fermée par un obturateur, qui, à l'aide d'un bras de levier, s'ouvre de *dehors en dedans* ; c'est par cette trémie qu'on introduit les charges successives qui sont formées, en volume, d'un mélange de une partie de coke, contre deux à trois de calcaire, cassé à la grosseur de la pierre de route. Pour que cette introduction ait lieu, il faut, une fois le mélange versé dans la trémie, ouvrir l'obturateur et le fermer aussitôt après et avec soin. La grille sur laquelle vient s'arrêter la charge est d'ailleurs mobile à l'aide d'engrenages qui permettent d'en régler la décharge. De plus, par un tube pris sur le cylindre à la hauteur convenable, le four communique avec un laveur vertical rempli d'eau à la hauteur nécessaire, que les gaz traversent sous l'aspiration d'une machine soufflante, qui, simultanément, les refoule aux chaudières à déféquer. C'est donc cette aspiration qui détermine le courant d'air dans le four et y entretient la combustion, qu'on ralentit ou qu'on active suivant les besoins de l'usine.

Un petit four de ce système, ayant 5 mètres de hauteur sur 1 m 30 de diamètre seulement, suffit à la double carbonatation de 700 à 1,000 hectolitres de jus par vingt-quatre heures. Mais ce qui, à nos yeux, le rend encore plus précieux, c'est la propriété dont il jouit de pouvoir cuire des graviers calcaires; nombre de rivières, en effet, qui traversent des pays où la chaux fait défaut et où elle constituerait cependant un amendement de premier ordre, roulent des graviers de ce genre, qui, avec le four de M. Perret et un petit moteur hydraulique, peuvent aujourd'hui être employés au grand profit de l'agriculture.

CHAPITRE VIII.

DE LA QUALITÉ DES BETTERAVES EMPLOYÉES EN SUCRERIE.

§ 1. — Observations générales.

Il est en sucrerie un axiome, c'est que de deux betteraves la plus riche donne proportionnellement plus de sucre que la plus pauvre. Ainsi une betterave titrant 14 donnera plutôt 9 de sucre, que n'en donnera 6 une betterave titrant 10. *A priori*, l'intérêt du fabricant serait donc de ne travailler que des betteraves très-riches.

C'est ce qu'on fait, en effet, en Allemagne et en Russie, tandis que c'est le contraire en France et en Belgique. Faut-il donc croire que la France et la Belgique ne puissent fournir des betteraves aussi riches que l'Allemagne et la Russie? Vilmerin a démontré le contraire; ses expériences ont été confirmées par nombre de cultivateurs, et nous pouvons dire que nous-même nous avons livré pendant plusieurs années de suite à la sucrerie de Tournus, dans le département de Saône-et-Loire, des betteraves titrant de 12.50 à 13.50 suivant les années, sans cependant avoir fait autre chose que de semer les graines qui nous étaient livrées par la sucrerie. Pourquoi donc alors en France et en Belgique n'imite-t-on pas l'Allemagne et la Russie? C'est que pour avoir des betteraves riches il faut tout à la fois choisir les terrains, les variétés de graines, suivre certains assolements, renoncer à certains modes de fumure, se contenter de petits rendements, et par suite payer au cultivateur la betterave bien plus cher. Mais pourquoi l'Allemagne et la Russie suivent-elles d'autres errements? A entendre les deux parties, ce serait parce qu'au lieu de porter sur le sucre, l'impôt porterait sur la betterave, et que pour diminuer l'impôt on enrichirait la betterave. Et il en est d'autres qui ajoutent : C'est parce qu'en Allemagne et en Russie les terres sont à bon marché et qu'on n'a pas besoin de leur demander autant d'intensité.

Nous n'aimons pas les mauvaises raisons, et celles-là sont mauvaises au premier chef. Nul gouvernement n'est hostile au bien de ses sujets ; il le serait au sien propre : or, la loi allemande, que nous ne souhaitons pas pour la France à cause de la distillerie, aurait été changée déjà depuis longtemps si elle était hostile au bien du peuple allemand ; et la Russie, qui est venue la dernière, ne l'aurait pas copiée ; elle eût pris la nôtre qui n'eût pas été plus gênante pour elle, puisqu'à raison des grandes quantités d'eau-de-vie de grains qu'elle fabrique, elle a un service de contributions indirectes tout aussi bien organisé que chez nous.

Quant à ce qui touche à la valeur des terres, c'est encore pis : la betterave, quel que soit son mode de culture, exige des frais généraux fort élevés de labour, de sarclage, de semaille, d'arrachage, qui sont communs aux gros comme aux petits rendements et coûtent le même prix. Dès lors, en Allemagne comme en France, il y aurait intérêt à les répartir sur de grosses récoltes plutôt que de les concentrer sur de petites : le bon marché de la terre n'a donc non plus rien à faire dans la question, qui reste entière. Dès lors, abondonnant ces opinions toutes faites et dans lesquelles chacun endort volontiers sa paresse, recherchons le prix auquel l'industrie pourrait, en France et en Belgique, payer des betteraves riches, et si à ce prix l'agriculteur aurait avantage à les lui fournir.

Des expériences plusieurs fois répétées en Allemagne, en France et en Belgique, et faites par les hommes les plus compétents, ont établi que dans les quatre cinquièmes des cas et par la culture triennale, quand un sol ensemencé avec de la graine de Silésie dite acclimatée rend en tête d'assolement et avec 60 tonnes de fumier, 45 tonnes à l'hectare de betteraves riches, de 9 à 10 pour 100 de sucre, il en produit à la troisième année, et surtout sans addition de fumier, 20 tonnes riches à 14, 15 et jusqu'à 17 pour 100.

D'autre part, tandis qu'il faut toute la perfection des nouveaux procédés pour tirer 6 pour 100 de sucre de betteraves riches à 10, l'on en extrait facilement 9 pour 100 de betteraves riches à 14 pour 100, quand elles ont poussé dans les conditions que nous venons d'indiquer. Cependant, dans un cas comme dans l'autre, on ne fait pas plus de mélasse.

§ 2. — Comptes d'industrie et d'agriculture.

Partant de là, nous allons établir les deux comptes sur les données que résume le tableau suivant, et qui sont loin d'être défavorables aux agriculteurs et aux industriels français ou belges.

BETTERAVES.

Betteraves à l'hectare........	45 tonnes à 10 p. %		20 tonnes à 10 p. %	
Prix des betteraves..........	22 francs	—	à déterminer.	
Pulpes produites (1/5 du total)	9 ton. 1/5	—	4 tonnes	—
Valeur des pulpes, la tonne.	14 francs	—	14 francs	—
Sucre produit par tonne.....	60 kilog.	—	90 kilog.	—
Prix du sucre, la tonne.....	600 francs	—	600 francs	—
Mélasse produite par tonne...	30 kilog.	—	30 francs	—
Prix de la mélasse, la tonne.	120 francs	—	120 francs	—

Enfin, nous admettrons que des deux parts on travaille le même poids de betteraves, que par conséquent la main-d'œuvre, le combustible, l'outillage et les autres frais d'extraction sont les mêmes ; mais nous calculerons les bénéfices du fabricant à 10 pour 100 sur ces frais-là avec les betteraves pauvres, et à 15 avec les riches.

COMPTE INDUSTRIEL SUR LA TOTALITÉ DE LA PRODUCTION FRANÇAISE.

BETTERAVES A 10 POUR 100.

Rendement en sucre....	274,000 tonnes	à 600 fr. l'une..		164,400,000
— en mélasse.	137,000 —	à 120	— ..	16,440,000
— en pulpes...	913,333 —	à 14	— ..	13,700,000
		Total des recettes.........		194,540,000
Betteraves employées (4,566,666 tonnes à 22 fr.)........				100,500,000
Frais d'extraction, intérêts et bénéfices compris..........				94,040,000
Intérêts et bénéfices (10 pour 100 sur la somme précédente)				9,404,000
Frais d'extraction nets............................				84,636,000

BETTERAVES A 15 POUR 100.

Rendement en sucre....	411,000 tonnes	à 600 fr. l'une..		246,600,000
— en mélasse..	137,000 —	à 120	— ..	16,440,000
— pulpes......	913,333 —	à 14	— ..	13,700,000
				276,740,000
Frais d'extraction comme dessus......................				84,636,000
Bénéfices à 15 pour 100 calculés sur le chiffre ci-dessus.				14,106,000
				98,742,000
Valeur des betteraves (4,566,666 tonnes)................				164,298,000

Ce qui porte la betterave à 38 francs la tonne au lieu de 22 francs.

§ 3. — Compte agricole.

La betterave dévore les deux tiers de son poids de fumier. Le fumier calculé en partant du prix du guano, et établissant l'équivalence d'effet, vaut 10 fr. 50 la tonne, rendue et répandue sur le champ. Le cultivateur reprend en pulpes le cinquième du poids des betteraves qu'il a livrées et à raison de 14 francs la tonne. Ces pulpes représentent comme nour-

5h*

riture le tiers de leur poids en foin normal calculé au prix de 40 francs la tonne (prix de ferme élevé).

Ces pulpes, après avoir été consommées, donnent les deux tiers de leur poids de fumier, qui, ainsi, fait en partie retour à la ferme et est évalué comme plus haut 10 fr. 50 la tonne.

Le chargement des betteraves au champ, leur conduite à la fabrique, le déchargement et autres menus frais sont évalués à une moyenne de 2 fr. 50 c. la tonne. (Toutes ces opérations se font dans un moment de presse et souvent par le mauvais temps.)

COMPTE D'UN HECTARE A 45 TONNES.

Fumier consommé	30 tonnes à	10f 50c		— 315f »c
Betteraves	45 —	22 »	+ 990	
Transport des betteraves	45 —	2 50		— 112 50
Achat de pulpes	9 —	14 »		— 126 »
Pulpes, valeur, fourrage	3 —	40 »	+ 120	
Fumier des pulpes	6 —	10 50	+ 63	
			+ 1.173	— 553 50
Différence au profit du fermier			+ 620	

COMPTE D'UN HECTARE A 20 TONNES.

Fumier consommé	13.33 tonnes à	10f 50c		— 140f »c
Betteraves	20 —	38 »	+ 760	
Transport des betteraves	20 —	2 50		— 50 »
Achat des pulpes	4 —	14 »		— 56 »
Pulpes, valeur, fourrage	1.333 —	40 »	+ 53	
Fumier des pulpes	2.666 —	10 80	+ 28	
			+ 841	— 246 »
Différence au profit du fermier			× 595	

D'après ce compte, avec 20 tonnes de betteraves à 38 francs, il y aurait donc *a priori* une perte de 25 francs pour le fermier sur un rendement de 45 tonnes à 22 francs.

Or, il faut se souvenir que la betterave est extrêmement avide de sels minéraux précieux et qu'elle en prend non en raison de sa richesse, mais de son poids; par conséquent, de ce fait seul, qui n'est que trop prouvé dans le nord de la France et en Belgique, il résulte que le cultivateur aurait intérêt à perdre les 25 francs établis par la comparaison des comptes. Mais, bien plus, au lieu de perdre quelque chose, il gagne même beaucoup : si, en effet, du fumier marqué en dépense, on déduit le fumier marqué en recette, on voit que la récolte de 45 tonnes en exporte à tout jamais 24 de la ferme, tandis que la récolte à 20 tonnes n'en exporte que 11 : c'est donc une bonification de 13 tonnes, qui, à 10 fr. 50 c., fait 136 francs, c'est-à-dire qu'avec 20 tonnes de betteraves à 38 francs au lieu de 45 à 22 francs, le cultivateur réaliserait un profit de 111 francs.

Ainsi, du côté du cultivateur comme de celui de l'industriel, il y a donc intérêt à abaisser le rendement au profit de la richesse.

Cependant il en est qui vont dire : Ce système est peut-être vrai, mais il sacrifie le bétail ! C'est encore là une erreur, car c'est le contraire qui arrive. D'après le compte, le fermier perdrait, en effet, 1.66 tonnes de fourrage, mais il a un excédant de 13 tonnes de fumier qui lui assurent toujours 6.5 tonnes de fourrage ou 500 kilogrammes de blé avec 1,250 kilogrammes de paille. En sorte que de ce côté il y a toujours profit. Ainsi, augmentation de 50 pour 100 dans la production du sucre et dans les bénéfices du fabricant; augmentation de 111 francs par hectare pour le cultivateur ; augmentation de plus de 100 pour 100 de la viande produite du fait des pulpes, telle serait la conséquence de la substitution du système allemand au système français.

Les expositions sont de grands enseignements que se donnent mutuellement les peuples; dans l'industrie du sucre comme dans beaucoup d'autres, la France y a toujours apporté son large contingent de lumières; cette fois encore ses méthodes et son outillage perfectionnés lui assurent une belle place, qui peut-être même est due à ce préjugé qu'elle a en faveur des betteraves pauvres et qui l'a obligée à faire plus d'efforts ; mais au lieu de toujours inventer, elle ferait bien aussi d'imiter quelquefois des voisins justement renommés pour leur haut savoir agricole.

Il ne faut pas qu'elle oublie qu'en fait d'agronomie, si nous sommes les émules de l'Allemagne, il n'y a pas longtemps que les plus savants d'aujourd'hui n'étaient que ses élèves. Cependant, il serait injuste de laisser croire que ces réflexions viennent de nous seul : non, il est des hommes éminents qui se préoccupent en cet instant de cette grande question.

Il y a vingt ans déjà, M. Champonnois a démontré que la betterave cultivée sur billons donnait autant de produits et des produits plus riches ; malheureusement, les outils manquaient à cette époque pour la cultiver. Depuis, M. Rousselet dans le Châtillonnais, et plus tard M. Meugnot, l'habile constructeur dijonnais, reprenant la question, ont inventé pour la résoudre de remarquables instruments aratoires. Toutefois, voilà M. Champonnois, d'une part, et M. Decrombecque, de l'autre, qui, y revenant de nouveau, se promettent de la résoudre : M. Champonnois, dès le 15 août 1867, nous a montré des betteraves qui, titrant 13. 5 pour 100 de sucre, avaient 7 centimètres de diamètre sur 16 à 18 de longueur et se comptaient déjà par 50 tonnes à l'hectare. Peut-on considérer ce produit comme normal ?

M. Champonnois et M. Decrombecque ont fait de belles et grandes choses en agriculture et en industrie : que leurs expériences se changent en réalités, et ils n'auront peut-être jamais rendu de plus grand service à l'industrie sucrière.

CHAPITRE IX.

RÉSUMÉ.

En résumé, dans presque tous ses détails, l'outillage de la sucrerie de betterave a été grandement perfectionné.

Le laveur est devenu d'un service plus facile, et il débarrasse les betteraves des pierres si nuisibles à la râpe. Une nouvelle râpe travaille avec moins d'effort et plus de précision. Les presses ont atteint un haut degré de perfection.

Une nouvelle méthode de défécation qui donne des résultats plus sûrs, un rendement plus élevé, des sucres directement livrables à la consommation, a été découverte; les appareils qu'elle réclame répondent parfaitement aux nouveaux besoins.

Une presse à écume, qui réalise une des conceptions les plus originales, est venue répondre à un besoin pressant.

L'appareil à triple effet qui, en 1855, était une grande nouveauté, s'est répandu partout, tout en s'améliorant dans d'importants détails.

On a appris à granuler le sucre dans la chaudière même.

L'essoreuse a subi un notable perfectionnement.

La dyalise, sous le nom d'osmose, extrait des mélasses le tiers du sucre cristallisable.

Le four à extraire le salin a été simplifié :

Le noir animal est mieux revivifié.

L'acide carbonique et la chaux sont produits dans de meilleures conditions.

La culture de la betterave laisse seule à désirer.

En une aussi courte période, peu d'industries, certainement, auront réalisé de pareils progrès : main-d'œuvre, économie de combustible, sûreté dans les moyens, augmentation de rendement, rapidité de travail, meilleure qualité dans les produits; partout où elle a porté ses investigations, partout ses efforts ont été couronnés de succès.

Déjà en France et en Belgique la production dépasse la consommation ; en Allemagne elle va l'atteindre, en Russie elle augmente rapidement.

Que serait-ce, si, partout, un lourd impôt ne venait l'entraver? Élément fécond de travail, source de jouissances utiles, cause d'enrichissement d'un grand nombre, préservatif puissant contre les famines, nulle industrie, peut-être, ne mérite à un pareil degré de fixer l'attention de tous les gouvernements.

Qu'ils décrètent des impôts de consommation, c'est peut-être une nécessité ; mais quant à leur produit, au lieu de l'absorber tout entier en dépenses, souvent très-critiquables, qu'ils en fassent profiter ceux qui les payent, en dégrevant des industriels qui sont d'un intérêt aussi général que la fabrication du sucre de betterave. Dans ces conditions, la prospérité de l'Etat tournerait à l'avantage des masses, et les industriels redoubleraient d'efforts pour entrer dans les voies des améliorations.

Paris. — Imp. Paul Dupont, rue de Grenelle-Saint-Honoré, 45.

www.ingramcontent.com/pod-product-compliance
Lightning Source LLC
LaVergne TN
LVHW011958160826
845678LV00002B/604

9782329683621